AF295876

TRAITÉ

DES

LOCATIONS DE CHASSE,

SUIVI D'UN FORMULAIRE CONTENANT

LES DIFFÉRENTS ACTES

AUXQUELS LE DROIT DE CHASSE PEUT DONNER LIEU,

PAR

LUCIEN JULLEMIER,

Avocat à la Cour d'appel de Paris, Docteur en droit.

TROISIÈME ÉDITION, REVUE ET AUGMENTÉE.

PARIS,

LIBRAIRIE DE FIRMIN-DIDOT ET Cⁱᵉ

IMPRIMEURS DE L'INSTITUT, RUE JACOB, 56.

1887.

TRAITÉ

DES

LOCATIONS DE CHASSE.

Typographie Firmin-Didot. — Mesnil (Eure).

TRAITÉ

DES

LOCATIONS DE CHASSE,

SUIVI D'UN FORMULAIRE CONTENANT

LES DIFFÉRENTS ACTES

AUXQUELS LE DROIT DE CHASSE PEUT DONNER LIEU,

PAR

LUCIEN JULLEMIER,

Avocat à la Cour d'appel de Paris, Docteur en droit.

———

TROISIÈME ÉDITION, REVUE ET AUGMENTÉE.

PARIS,

LIBRAIRIE DE FIRMIN-DIDOT ET Cie,

IMPRIMEURS DE L'INSTITUT, RUE JACOB, 56.

—

1887

PRÉFACE

DE LA PREMIÈRE ÉDITION.

La chasse est un plaisir princier. On l'a répété souvent avec raison, car, de tous les plaisirs, c'est assurément le plus noble. Mais la qualification est encore vraie à un autre point de vue.

Les chasses coûtent fort cher, et, depuis vingt années, les frais de location ont augmenté dans des proportions considérables.

Le gibier, dans les propriétés qui ne sont pas gardées, tend tous les jours à disparaître, grâce aux armes perfectionnées, aux moyens de transport rapides et à l'indulgence inexplicable de la loi pour le braconnier de profession.

Celui qui aime la chasse autrement que pour respirer le grand air et ne pas se promener sans but, s'il n'a le bonheur d'être propriétaire foncier, loue le champ d'autrui moyennant une redevance souvent fort élevée. On a vu, dans certaines propriétés voisines des forêts giboyeuses, le locataire de la chasse payer plus cher que le fermier cultivateur.

L'acte de location une fois signé, le premier pas seul est fait. Il faut ensuite veiller à la conservation du gibier, en favoriser la reproduction par l'aménagement du sol et les plantations qui lui conviennent, et surtout par l'élevage d'animaux mis en liberté à certaines époques de l'année.

Nous avons eu dernièrement entre les mains, à l'occasion d'un procès que nous plaidions, le carnet de chasse d'une société fermière de l'État.

Ce livre est tenu avec un soin méticuleux. On ne tue pas un merle, pas un roitelet, qu'on ne l'y inscrive; la moindre dépense y est mentionnée, et l'on prend note du nombre des invitations faites par les associés.

Chacun paie à part ses déplacements, ses munitions et l'entretien de son chien d'arrêt. Les frais généraux seuls, qui comprennent le prix de location, les gages des gardes, l'élevage du gibier et les indemnités allouées aux riverains, montent bon an mal an à la somme de 31,000 fr.

Pendant la saison de 1873-1874, on a tué 1,600 lapins, 315 faisans, 120 lièvres, 9 chevreuils et 70 pièces de gibier diverses, telles que perdrix, bécasses, canards sauvages, grives et poules d'eau, ce qui nous donne un total de 2,114 animaux abattus.

Si nous divisons 31,000 par 2,114, nous trouvons que chaque pièce tuée revient en moyenne à 14 fr. 30, en ne comptant que les frais généraux.

Nous prenons pour exemple une chasse très agréable, il est vrai, et située à trois quarts d'heure de Paris, mais où tout est réglé avec le plus grand ordre et une parfaite économie. Si nous avions parlé des chasses voisines, où des propriétaires fantaisistes cultivent le faisan vénéré, nous serions arrivé à une moyenne de 20 fr. au moins par pièce tuée. 14 fr. 30 est déjà une jolie somme pour un lapin. Saint Hubert ne le payait pas si cher, mais il vivait en d'autres temps, et, suivant toutes probabilités, ses voisins ne lui demandaient pas d'indemnités.

Loin de Paris, les prix sont moins exorbitants, sans laisser pour cela d'être fort appréciables.

Quand on fait des sacrifices pour sa chasse, on aime à faire respecter son droit.

Plusieurs ouvrages ont été publiés sur les délits de chasse; nous avons nous-même commenté d'une façon générale la loi de 1844, mais il nous a paru utile d'étudier avec plus d'attention les difficultés qui peuvent naître des *locations de chasse.*

Dans quelles circonstances le cultivateur peut-il s'opposer à l'exercice du droit du chasseur?

Quels sont les droits accessoires conférés par

le droit de chasse? Le locataire peut-il détruire ou laisser multiplier le gibier à son gré?

Doit-il payer son prix de location lors même qu'une circonstance indépendante de sa volonté l'a empêché de chasser?

Peut-il par des moyens artificiels retenir le gibier sur ses terres? etc., etc.

Ce sont autant de questions controversées que nous nous efforcerons d'élucider en temps et lieu.

Quand nous aurons épuisé les matières relatives aux locations de chasse, nous ferons suivre notre étude d'un Formulaire contenant les différents actes auxquels la chasse peut donner lieu, tels que baux, cahiers de charges, procès-verbaux de constat par huissier, procès-verbaux de gardes avec affirmation, sommations, citations en police correctionnelle, commissions de gardes, demandes de permis.

Nous ferons en sorte, sans entrer dans de longs détails, de donner à nos lecteurs une idée exacte de l'étendue de leurs droits.

PRÉFACE

———

Nous n'avons pas l'intention de donner ici une solution à toutes les questions que peut soulever le droit de chasse. Nous ne traitons que quelques points particuliers, et nous recommandons spécialement à nos lecteurs « le Code de la chasse » de M. Leblond, et « la Chasse » de MM. Giraudeau, Lelièvre et Soudée.

Ces deux ouvrages sont fort complets. « La Chasse », rééditée en 1882 par MM. Larose et Forcel est un véritable dictionnaire pratique de la jurisprudence. Le chasseur y trouve la réponse exacte à toutes les questions qu'il peut poser, et l'homme de loi les indications qui peuvent lui servir pour remonter aux sources de tous les principes et de toutes les discussions.

Ce que nous avons voulu, c'est développer d'une façon plus complète certains points où la jurisprudence cherche à s'orienter entre le fait et le droit; nous avons donné nos appréciations personnelles et les tendances des cours et des tribunaux.

Nous n'avons pas la prétention de mettre fin aux conflits et aux procès, mais si nous n'en diminuons même pas le nombre,

Nous aurons eu l'honneur de l'avoir entrepris.

TRAITÉ

DES

LOCATIONS DE CHASSE.

I.

Des différents modes de concession du droit de chasse.

A qui appartient légalement le droit de chasse ?

Qui peut en conséquence consentir une location ?

Le nu propriétaire ou l'usufruitier ? Le fermier cultivateur ? L'usager ?

Quelles sont les limites des droits d'une municipalité ?

Qu'entend-on par la chasse permise sur le territoire d'une commune ? Mesures des syndicats. — Mesures à prendre pour garantir ses droits en acquérant l'autorisation de chasse sur une commune. — Des pouvoirs du maire.

Des chasses communales proprement dites. — Renvoi au chapitre « des forêts de l'État ».

Modes de concession :

Peut-on vendre le droit de chasse ? — Le consentir à titre de servitude ? le donner à bail emphytéotique ?

Du louage ou de la location, — de l'échange, — nécessité de l'enregistrement, — exemples.

Effets d'un bail non enregistré. — Quelle est la valeur d'une simple permission verbale ?

Situation faite au permissionnaire par un bail postérieur à la permission accordée.

Est-il condamné sans pouvoir invoquer sa bonne foi?

Danger de la clause qui réserve au propriétaire le droit de chasse pour lui et ses amis.

Du bail consenti par un autre que le propriétaire, et non ratifié.

Peut-on poursuivre les délinquants en vertu d'un bail verbal?

Qui peut consentir une location de chasse?

Les délits de chasse, bien que soumis à la juridiction de la police correctionnelle, sont considérés par la jurisprudence comme des contraventions de simple police. Il s'ensuit que l'excuse tirée de la bonne foi du délinquant ne saurait être admise.

Un exemple fera mieux comprendre l'importance de ce principe : vous louez une propriété pour la cultiver; vous commencez à exploiter vos champs, mais il se trouve que celui qui vous a consenti un bail n'était pas le véritable propriétaire : le contrat est annulé dans l'avenir, sans que vous puissiez être inquiété à l'occasion des actes que vous avez accomplis de bonne foi, vous croyant locataire à juste titre.

Il n'en est pas de même d'une location de chasse.

Le propriétaire apparent vous concède un droit de chasse que vous croyez sincèrement lui appartenir; vous usez de ce droit seul, ou en compagnie de vos amis : le véritable propriétaire intervient, il fait dresser procès-verbal contre vous et ceux qui ont participé à votre chasse; une condamnation est inévitable.

Vainement vous ferez valoir que vous avez été induit en erreur; que le possesseur, qui a consenti le bail, était considéré dans le pays comme propriétaire incontestable : votre bonne foi ne peut suffire à vous excuser, parce qu'elle ne peut être invoquée en matière de contraventions, et que les délits de chasse sont de simples contraventions.

Les juges, assurément, tiendront compte des circonstances; ils réduiront la peine autant que la loi le leur permet, et se contenteront le plus souvent de vous condamner à une amende de 16 francs; mais l'amende vous sera infligée.

La moindre condamnation en police correctionnelle est inscrite au casier judiciaire.

Il faut donc s'assurer, avant de louer une chasse, que celui auquel on s'adresse est bien et dûment propriétaire, ou qu'il a du moins qualité pour traiter au nom du propriétaire.

Le *fermier cultivateur* peut-il chasser, et, par suite, déléguer son droit sur les terres qu'il exploite?

Nous supposons le cas où le bail ne renferme aucune clause relative à la chasse.

La Cour de cassation a toujours refusé ce droit au fermier, et sa jurisprudence paraît aujourd'hui unanimement acceptée en France.

Nous en concluons que celui qui chasserait en vertu d'une autorisation ou d'une location émanant du fermier s'exposerait à une condamnation certaine.

En effet, quel droit le fermier tient-il de son bail? Celui d'exploiter la terre et de bénéficier de ses produits. On lui livre le sol qu'il fait fructifier par la culture; mais tout ce qui n'est pas le résultat direct de son travail, tout ce qui ne vient pas du sol même, ne lui appartient pas.

Dira-t-on que le gibier est une production du sol, en ce sens qu'il se nourrit des céréales et des fruits obtenus par les soins des fermiers?

Ce serait contraire aux principes mêmes de la loi, qui considère le gibier comme une *res nullius*, comme la chose du premier occupant, et qui en reconnaît la propriété au chasseur qui l'a tué sur le terrain d'autrui en commettant un délit.

Si le gibier était un produit du sol, il appartiendrait au propriétaire du sol, ce qui est contraire à la loi, puisque le gibier n'appartient à personne.

En résumé, le droit de chasse, et non le droit au gibier, appartient au propriétaire seul. Il faut, pour pouvoir chasser, une délégation consentie par le propriétaire. Ceci résulte de l'article 1er de la loi de 1844, ainsi conçu :

« Nul n'aura la faculté de chasser sur la propriété « d'autrui, s'il n'a le consentement du propriétaire ou « de ses ayants droit. »

Si donc le fermier n'a pas stipulé ce droit expressément, il ne l'a pas, et ne peut de son chef accorder ni location ni permission.

Plusieurs auteurs ont fait des distinctions, et ont supposé des cas où la chasse était implicitement louée au fermier ou locataire ordinaire.

Quand, par exemple, on loue un château avec un parc clos de murs, ou lorsque le principal attrait d'une propriété voluptuaire, affermée moyennant une redevance élevée, est dans la chasse.

Nous n'acceptons pas ces distinctions. En effet, si dans le premier cas on peut dire que le propriétaire, en exerçant son droit de chasse, gênera son locataire, nous répondons qu'en rédigeant le contrat il était facile de parer à ces inconvénients, et que la convention est la loi des parties. Quant à la seconde hypothèse, elle est encore plus inadmissible. Comment! la chasse serait le principal attrait d'une propriété, elle serait la cause déterminante du bail, et il n'en serait pas fait mention ? Le juge pourrait dire : « C'est un oubli auquel nous devons suppléer ? »

Non, car on vient de reconnaître que, de tous les droits conférés par la location, celui-là serait le plus important, et le juge ne peut l'accorder de son autorité privée. Qu'il lui soit permis, dans certains cas, d'interpréter la pensée des contractants, et de déduire d'un engagement principal un engagement accessoire, nous le voulons ; mais ce que nous ne pouvons admettre, c'est que le tribunal comble une semblable lacune.

Dans le silence du contrat, nous disons donc que jamais le simple fermier n'a le droit de chasse.

Un arrêt de Cassation, du 5 avril 1866, dit bien que la location de chasse résulte des stipulations du bail, ou de *circonstances de fait spéciales équivalentes.*

Nous pensons qu'on ne saurait appliquer ce dernier membre de phrase aux exemples que nous venons de citer. La Cour de cassation n'a pas voulu dire que le juge serait appelé à combler les lacunes du bail, mais bien qu'il pouvait faire dériver le droit de chasse d'une des clauses du contrat. C'est ainsi que ce droit, sans être expressément désigné, résulterait de l'engagement pris par le fermier de livrer au propriétaire une certaine quantité de pièces de gibier.

Telle est, selon nous, la saine interprétation de l'arrêt de 1866.

L'*antichrésiste* n'a pas d'autres droits que le fermier, et tous les auteurs s'accordent à reconnaître qu'il ne peut ni chasser, ni concéder le droit de chasse sur les terres qu'il détient en vertu de son antichrèse.

Nous nous rangeons à l'opinion générale, après avoir toutefois fait remarquer que la question est plus délicate qu'on n'a paru le croire jusqu'ici. Ne pourrait-on pas dire avec quelque apparence de raison que l'antichrésiste est mis en possession d'un immeuble pour en tirer tous les fruits, produits et avantages qu'il impute jusqu'à due concurrence sur sa créance? Et, dans ce cas, on estimerait la valeur du droit de chasse sur la propriété donnée en antichrèse : ce droit appartiendrait à l'antichrésiste.

Les tribunaux n'ont jamais, à notre connaissance du moins, tranché la question.

L'*usager* est-il plus favorisé que le fermier ou l'antichrésiste? La Cour de Metz, dans un arrêt du 16 février 1840, s'est prononcée contre lui. Quelques auteurs ont fait une distinction : ils accordent le droit de chasse, quand l'immeuble donné à usage est une maison entière avec un clos et ses dépendances. Dans ce cas, l'usager peut chasser, mais non louer la chasse à son profit.

La distinction est contraire à l'esprit de la loi, qui pose des limites restreintes aux droits de l'usager. Notre avis est qu'en aucun cas le simple usager ne peut chasser.

Mais il n'en est pas de même de l'*usufruitier*, et nous insistons sur ce point, parce qu'il donnera lieu à de nombreuses applications dans la pratique.

On voit, chaque jour, des biens qui appartiennent en nue propriété à une personne, en usufruit à une autre.

Ce serait commettre un délit que de chasser avec l'autorisation du nu propriétaire.

Ce dernier, en effet, tant que l'usufruit ne lui a pas

fait retour, ne peut ni consentir un bail, ni jouir de quelque manière que ce soit du bien qui lui appartient. Tant que dure l'usufruit, c'est l'usufruitier seul qui dispose de la chasse.

Nous irons même plus loin : l'usufruitier peut, dans certains cas, avoir aliéné la chasse pour une époque postérieure à la cessation de son usufruit. On sait, en effet, qu'un des modes d'extinction de l'usufruit est la mort de l'usufruitier. Si tous les baux devaient être annulés par le fait du décès de l'usufruitier, il en résulterait une véritable dépréciation pour les immeubles, et personne ne voudrait louer, au risque d'être expulsé par le nu propriétaire le lendemain du décès de l'usufruitier.

Aussi l'article 595 du Code civil valide-t-il les baux faits pour une période de neuf années ; ces baux peuvent être renouvelés dans les trois années qui précèdent l'expiration du bail en cours d'exécution.

Appliquant ces principes généraux aux locations de chasse, nous dirons : l'usufruitier peut louer la chasse pour neuf années ; s'il meurt le lendemain de la signature du contrat, pendant neuf ans le propriétaire sera tenu de respecter la location consentie ; il peut, à la fin de la sixième année, renouveler le bail pour neuf ans, et, s'il meurt le lendemain du renouvellement, pendant douze ans le locataire jouira de la chasse.

Mais, s'il peut consentir un bail, l'usufruitier ne peut accorder de permissions gratuites dépassant en durée son usufruit. Par le bail, le propriétaire, rentré en possession de l'usufruit, trouve dans le prix de location l'équivalent du droit de chasse.

Si l'usufruitier avait loué à vil prix, le propriétaire

établirait la collusion entre lui et le locataire : il ferait annuler le bail comme portant atteinte à ses droits. Quand nous disons que l'usufruitier peut louer la chasse pour neuf et même douze années, nous parlons d'une location sérieuse.

En traitant des locations des biens de l'État, nous parlerons des *biens communaux ;* mais, puisque nous énumérons les personnes qui peuvent aliéner le droit de chasse, nous devons examiner avec détails les actes émanant des syndicats, et ce que les chasseurs appellent vulgairement les *chasses sur les communes.*

Depuis quelques années, l'usage s'est introduit dans beaucoup de localités de n'autoriser les étrangers à chasser qu'à certaines conditions. Ici, l'on exige que le chasseur prenne son permis sur la commune, ou qu'il verse à la caisse municipale la somme de 10 francs. Là, les prétentions des indigènes sont plus élevées ; les principaux propriétaires se réunissent en syndicat, ils louent à quelques personnes exclusivement le droit de chasser sur leurs terres, ou donnent des permissions moyennant un certain prix qu'ils se partagent au prorata de l'étendue de leurs biens.

Nous recommandons à nos lecteurs de s'entourer de toutes les précautions que nous allons leur indiquer, avant de chasser dans ces conditions.

Et d'abord, prenons l'hypothèse la plus fréquente. Le *maire* donne ordre au garde champêtre de dresser procès-verbal contre tout étranger qui aura chassé sur la commune sans y avoir pris son permis, ou sans avoir versé les 10 francs qu'il croit réglementaires.

En agissant ainsi, le maire outrepasse ses pouvoirs ; on ne peut donner suite au procès-verbal que si le propriétaire, sur le terrain duquel le fait de chasse a été accompli, poursuit lui-même et demande l'application de la loi.

Nous allons plus loin, et nous pensons qu'une circulaire administrative devrait empêcher les maires de prendre de semblables décisions, quelque favorables qu'elles puissent être à la commune. En effet, comment le chasseur pourra-t-il prendre son permis sur la commune, où il n'est pas connu? En déclarant qu'il y a au moins sa résidence, et en se faisant donner par le maire le certificat obligatoire.

Mais quelle est la valeur de ce certificat, délivré à une personne qu'on n'a jamais vue, et dont on n'a jamais entendu parler?

Il y a là une violation de la loi. Ou le certificat demandé est une vaine formalité qu'on doit supprimer; ou il est une garantie sérieuse, et ne peut émaner du premier venu.

Nous avons supposé qu'un procès-verbal était dressé à la requête du maire contre le chasseur qui n'a pas versé les 10 francs à la caisse communale, mais que le propriétaire n'y donnait pas suite. — Supposons maintenant les 10 francs versés par vous : pourriez-vous chasser impunément sur les terres de tous les particuliers? Nullement; et, malgré le versement de votre cotisation, il ne dépendra que d'un paysan, propriétaire d'un arpent de terre, de vous faire condamner en police correctionnelle.

Pour chasser sans crainte, vous devez vous assurer que le maire a reçu le mandat exprès, de chacun de ses administrés, d'aliéner la chasse au profit de la commune. Faites-vous représenter le registre des adhésions et consultez le plan cadastral. Il n'est pas de commune où quelques propriétaires ne soient en désaccord avec leurs maires : il ne dépendra que d'eux de vous traîner devant les tribunaux.

La volonté de la presque unanimité des habitants ne peut rien contre le mauvais vouloir d'un seul, et la majorité n'oblige pas la minorité. Bien plus, celui qui n'adhère pas aux mesures prises par ses compatriotes n'est pas tenu d'indiquer par des poteaux que sa chasse est réservée, et, avec la meilleure foi du monde, vous vous trouverez en contravention.

Les *syndicats* sont moins trompeurs. Quand vous louez la chasse d'une collectivité, vous savez que votre droit est restreint, et vous vous mettez en garde. Néanmoins le danger est grand. Les vices de forme sont souvent nombreux et exploités par les propriétaires mécontents de la somme qu'ils ont reçue dans la répartition, ou brouillés pour toute autre cause avec les autres membres de l'association.

Il faut donc s'assurer que celui avec lequel on traite est bien mandataire de ceux qu'il prétend représenter, et qu'il agit en cette qualité. Sinon, demandez autant de signatures qu'il y a de propriétaires adhérents à la proposition.

Enfin, ici, plus encore que dans l'hypothèse précédente, l'étude du plan cadastral aura son utilité. Il n'y a pas d'exemple de propriétaires se réunissant ainsi, sans qu'au milieu de leurs terres il n'y en ait d'autres enclavées appartenant à des mécontents qui sauront exploiter la situation. Nous ne sommes pas en Allemagne, où celui-là seul peut réserver sa chasse qui possède au moins cent arpents. En France, les plus petits sont les plus jaloux et les plus dangereux.

Il n'est pas nécessaire, pour louer une chasse, de traiter directement avec le propriétaire. Ce dernier peut être représenté, comme pour tout acte de la vie civile, par un mandataire.

Les mandats sont spéciaux ou généraux. — La personne qui aurait reçu mandat d'administrer tous les biens d'une autre pourrait consentir des baux de chasse.

Le mandat est toujours révocable au gré du mandant, et, suivant l'article 2004, celui qui révoque le mandat qu'il a donné peut exiger de son mandataire la restitution de l'écrit sous seing privé ou authentique qui prouve la procuration.

L'article 2005 est ainsi conçu : « La révocation, notifiée au seul mandataire, ne peut être opposée aux tiers qui ont traité dans l'ignorance de cette révocation, sauf au mandant son recours contre le mandataire. »

Appliquons ces principes généraux aux locations de chasse. Un propriétaire a constitué un mandataire pour l'administration de ses biens; plus tard il révoque le mandat sans exiger ou sans obtenir la restitution de l'écrit qui constate la procuration, et postérieurement à cette révocation vous obtenez du mandataire révoqué un acte de location; cet acte est valable, car vous avez agi de bonne foi, rien ne pouvait vous faire présumer que le mandat avait été révoqué. Le propriétaire pourra demander des dommages-intérêts à son ancien mandataire. C'est affaire à régler entre eux, vous restez bien et dûment locataire.

En parlant de l'usufruitier, nous avons dit en passant quels étaient les droits du mari pour l'administration des biens de sa femme. Les biens d'un mineur sont valablement loués par le tuteur.

Après ces courtes observations sur les personnes capables de consentir une location de chasse, nous allons examiner les différents modes de concession.

Avant la révolution de 1789, le droit de chasse était un droit seigneurial. Lors de l'émancipation des communes dans certains pays de droit coutumier, Pothier nous apprend qu'on permettait de chasser au bourgeois vivant de ses possessions et rentes. Mais c'était plutôt un privilège étendu à une classe secondaire de la société féodale que la reconnaissance d'un droit de l'homme, et le bourgeois ainsi favorisé ne pouvait pas plus que le gentilhomme déléguer au premier roturier venu cette autorisation toute personnelle.

C'était encore là, paraît-il, un libéralisme que Louis XIV trouvait excessif. Le grand roi rendit, le 13 août 1669, une ordonnance qui retirait le droit de chasse à tout le monde. Aux termes de cette ordonnance, il ne restait plus qu'un chasseur dans le royaume, c'était le roi. Puis, pour pallier la rigueur de cette mesure exorbitante, Louis XIV permit aux seigneurs de chasser sur leurs propres terres à la condition de ne pas trop s'approcher des forêts de l'État. Cette fois, les bourgeois, même ceux qui vivaient de leurs possessions et rentes, durent renoncer aux plaisirs cynégétiques. Le gibier devint très abondant, les sangliers ravageaient la forêt de Montmorency, et J.-J. Rousseau raconte, dans ses *Confessions*, que, sous Louis XV, les malheureux habitants de la plaine Saint-Denis, pour ne pas voir leurs récoltes dévastées, en étaient réduits à monter la garde toutes les nuits dans leurs champs, et à faire un bruit infernal à l'aide de cloches et de chaudrons pour écarter le gibier.

Le 11 août 1789, la chasse devint libre, et chacun put chasser sur ses propres terres comme il l'entendait. Si cet état de choses n'eût pas été modifié en 1790, il est probable qu'aujourd'hui la France serait peu giboyeuse.

Sous l'empire de la loi de 1844, qui nous régit actuellement, est-il permis de *vendre* le droit de chasse?

C'est une des questions les plus controversées qui aient été soumises aux tribunaux.

Les personnes à qui les matières juridiques ne sont point familières s'étonneront qu'une controverse ait pu être soulevée. — Nous avons notre propriété, nous pouvons la vendre en détail ou entière, elle nous appartient, disent-elles, libre à nous d'en disposer comme il nous plaît; le droit de chasse est une partie de cette propriété, rien ne nous empêche de le vendre.

Ce raisonnement est faux, parce qu'il est inexact de dire que tous les contrats sont permis, et que le droit de propriété est un droit illimité. La Révolution a aboli ce qu'on appelait autrefois les servitudes personnelles.

Un système de réaction contre la féodalité a fait défendre de stipuler que le propriétaire de tel héritage, quel qu'il soit et sera *in futurum*, sera tenu, en cette qualité, de fournir certains services où certaines prestations pour l'utilité d'un héritage appartenant à un autre propriétaire, ou bien encore de stipuler que le fonds sera tenu, *in perpetuum*, au profit d'une personne, de ses héritiers ou ayants cause, d'une charge qui n'aurait pas pour objet l'utilité d'un autre héritage.

C'est là tout un système de droit qui dérive de la politique, et que nous n'avons ni à expliquer ni à commenter : le cadre de notre travail ne nous le permet pas.

Nous devons rechercher si le fait de céder à perpétuité le droit de chasse aux propriétaires, quels qu'ils soient, d'un fonds voisin est licite.

Il est certain que le droit de chasse ne pourrait être cédé à une personne quelconque ou à ses héritiers pour un temps illimité. Cela constituerait le démembrement perpétuel du droit de propriété au profit d'une personne, ce qui est formellement interdit.

Mais ne peut-on pas dire qu'en cédant le droit de chasse aux propriétaires d'un domaine limitrophe, on crée une servitude autorisée par la loi (article 686), parce que le droit de chasse ainsi accordé augmente la valeur du fonds voisin ?

La question est très controversée, et la Cour de cassation paraît, dans un arrêt du 4 janvier 1860, avoir penché vers l'affirmative.

Nous adopterions l'opinion contraire, qui compte pour elle de nombreux arrêts et beaucoup d'auteurs. M. Demolombe a répondu victorieusement. On objecte que le fonds auquel ces droits seront attachés se vendrait ou se louerait plus avantageusement.

Défions-nous de cet argument, car il pourrait nous mener fort loin. Si j'achetais une maison située à Paris, en stipulant pour tous les propriétaires futurs le droit de chasser dans un bois que mon vendeur posséderait dans les Vosges, je crois bien aussi que la valeur vénale ou locative de la maison serait augmentée. Mais pourquoi ? C'est que la vente ou le bail comprendrait alors deux droits : d'abord la maison, ensuite un droit de chasse qui serait vendu ou loué en même temps ; mais personne ne prétendrait dans ce cas qu'un pareil droit constituerait une servitude.

Ajoutons qu'on ne pourrait vendre aux propriétaires riverains le droit de cultiver à leur gré les champs dépendant de la propriété.

On remarquera aussi que, dans le cas où l'on se prononcerait en faveur du système qui autorise la cession de la chasse à titre de servitude, on ne saurait reconnaître aux propriétaires du fonds en faveur duquel la servitude aurait été créée le droit de transmettre leur autorisation à des tiers.

Ainsi, dans notre opinion du moins, le droit de chasse ne peut être vendu. Mais il peut être loué pour un nombre limité d'années, et tous les articles du Code relatifs au louage sont applicables dans la circonstance. Nous aurons à nous en occuper dans la suite, quand nous passerons en revue les obligations du chasseur et celles du propriétaire, telles que payement du prix, modes de jouissance, etc.

L'aliénation étant permise pour un temps déterminé, peu importe que le prix soit payé en argent ou en nature. Il peut même n'y avoir aucun prix stipulé. On a vu des propriétés dont la chasse était louée avec cette seule condition que le locataire prendrait les frais de garde à sa charge.

Nous ne parlerons pas longuement des baux emphytéotiques, parce que le but que nous nous sommes proposé est d'être utile à nos lecteurs, et non de leur développer des théories de droit pur.

Si nous avons parlé de la possibilité d'un bail emphytéotique en matière de chasse, c'est que de nombreux auteurs ont classé cette location au nombre des modes d'aliénation du droit de chasse.

L'emphytéose est la concession d'un fonds, soit à perpétuité, soit pour un long temps, à charge par le preneur de l'améliorer et de payer une redevance annuelle.

Les jurisconsultes ont longuement discuté sur la question de savoir si les lois promulguées depuis la révolution de 1789 avaient ou n'avaient pas changé implicitement les règlements relatifs à l'emphytéose. La Cour de cassation pense que l'emphytéose existe encore ; M. Demolombe pense qu'elle n'existe plus ; et nous, nous pensons que les chasseurs n'ont rien à voir sur ce point aux démêlés des savants.

Soyons pratiques avant tout. Quel propriétaire s'avisera de louer sa chasse à bail emphytéotique, c'est-à-dire pour un temps démesurément long, en conférant à son fermier les droits de l'emphytéote, qui peut aliéner, hypothéquer, consentir un usufruit, qui doit payer intégralement son prix en cas de perte du fonds ?

Ce qui n'est plus en usage aujourd'hui pour les fonds de terre ne saurait l'être pour le droit de chasse, et je trouve la preuve de ce que j'avance dans la recherche de la jurisprudence.

En effet, si nous voyons quelques auteurs se prononcer, les uns en faveur de l'emphytéose, les autres contre elle, nous ne rencontrons pas un seul arrêt qui ait fait application des règlements emphytéotiques au droit de chasse.

Nous ne pouvons cependant nous dispenser de donner un avis en droit strict. Si l'on admet que ce vieux vestige du droit féodal subsiste encore, ce ne saurait être en matière de chasse, car les faveurs exceptionnelles accordées à l'emphytéose tendaient au défrichement des terres et à l'amélioration du sol. Le locataire de la chasse n'a pas d'autre prétention que d'être relevé d'une déchéance, de l'interdiction prononcée par une loi de police d'aller chasser sur le terrain d'autrui le gibier qui, en principe, appartient à tout le monde.

Mais le preneur emphytéotique d'un fonds rural a-t-il le droit de chasse? On le lui accorde généralement, avec raison, parce que sa condition est plutôt celle d'un usufruitier que celle d'un simple locataire.

Ayant admis que la vente d'un droit de chasse n'était pas valable en droit, nous devons admettre comme conséquence que l'échange est illicite. L'échange n'est, en effet, qu'une vente dont le prix n'est pas payable en argent : il consiste en nature.

Mais l'échange peut être le prix d'une concession temporaire. Un propriétaire pourrait convenir que, pendant un laps de temps déterminé, son voisin pourrait chasser sur ses terres, à la condition que le voisin l'autoriserait à exploiter telle carrière ou telle coupe de bois. Rien n'est plus licite qu'une pareille stipulation, qui se rattache à la nature des locations. Chaque jour, on voit des chasses louées à des personnes qui payent la redevance en gibier.

Nous avons passé en revue les différents modes d'aliénation du droit de chasse. Le plus commun est le louage. On loue la chasse comme on loue le sol même. La plupart des prescriptions contenues dans le Code civil, depuis l'article 1708 jusqu'à l'article 1778, sont applicables aux baux de chasse. Nous noterons quelques différences relatives à l'abus de jouissance; mais, en principe, on peut dire que les règles générales sont les mêmes que pour les baux ordinaires.

Les locations se font par actes authentiques, ou sous seing privé; enfin elles peuvent résulter d'une adjudication.

Les actes authentiques offrent plus de garanties; ils tirent d'eux-mêmes leur force exécutoire; mais, en matière de locations de chasse, surtout si la location n'a pas une très grande importance, il est inutile de recourir à un acte notarié, qui coûte plus cher que le bail sous seing privé. La présence du notaire, conseil des parties contractantes, a une utilité incontestable quand il s'agit de déterminer les clauses d'un bail d'exploitation; mais les baux de chasse ne sont généralement pas compliqués. Aussi, le plus souvent, traite-t-on de gré à gré, rédigeant l'acte sur papier timbré en autant d'exemplaires qu'il y a de parties intéressées.

Si la location résulte d'un acte authentique simple, ou d'une adjudication, le notaire est intéressé, sous sa responsabilité personnelle, à faire opérer l'enregistrement; il ne manquera jamais de remplir cette formalité. L'acte est opposable aux tiers dès sa confection.

Mais quand il s'agit d'un acte sous seing privé, les contractants doivent le faire enregistrer sous peine de ne pouvoir exercer leurs droits qu'entre eux, ou contre eux, sans atteindre les tiers.

C'est là un des points les plus importants de notre matière, un de ceux qui méritent le plus notre attention.

La question peut se résumer ainsi :

Peut-on, en vertu d'un bail non enregistré, poursuivre les délinquants en justice ?

En d'autres termes, j'ai loué la chasse d'un voisin sans faire enregistrer mon bail, mon garde dresse procès-verbal contre un braconnier sur les terres que j'ai louées : — puis-je demander une condamnation contre cet homme ?

La difficulté naît de l'article 1328 du Code civil ainsi conçu : *Les actes sous seing privé n'ont de date contre les tiers que du jour où ils ont été enregistrés, du jour de la mort de celui ou de l'un de ceux qui les ont souscrits, ou du jour où leur substance est constatée dans les actes dressés par des officiers publics, tels que procès-verbaux de scellés ou d'inventaire.*

Assurément, si le braconnier objecte au locataire que son bail n'a pas de date certaine, et que par conséquent il est sans qualité pour agir, le propriétaire pourra intervenir et requérir une condamnation à son profit.

Mais les bons rapports entre propriétaires et locataires ne sont pas toujours éternels. Le propriétaire dira peut-être à son cessionnaire : « Je vous ai loué, je ne m'en mêle plus, et n'ai jamais pris l'engagement de sauvegarder vos droits en faisant garder votre gibier : c'est à vous de prendre vos mesures et d'aviser comme vous l'entendrez. »

Que fera le locataire ? Il portera son bail à l'enregistrement ; si ce bail a plus de trois mois de date, il payera le double droit et pourra poursuivre dans la suite sans avoir besoin de faire agir le propriétaire, mais pour le présent son action est paralysée ; le délit qui vient d'être commis ne pourra pas être réprimé, puisqu'il est antérieur à l'enregistrement de l'acte.

La jurisprudence, fort heureusement, se montre défavorable aux braconniers. La Cour de cassation, dans un arrêt du 13 décembre 1855, a décidé qu'on pouvait poursuivre les délinquants en vertu d'un bail verbal

2.

non enregistré. Elle s'est appuyée sur l'article 1714 du Code civil qui permet les locations verbales. Son argumentation est celle-ci : les locations de chasse sont régies par la loi générale du louage, loi qui n'a jamais imposé aux actes la formalité de l'enregistrement. En fait, le délinquant n'apporte aucune autorisation du propriétaire, il n'a donc pas qualité pour contester la forme et les conditions de la location.

Et, d'ailleurs, on ne saurait invoquer l'article 1328, car celui qui chasse sans droit n'est pas un des tiers dont parle cet article ; c'est un délinquant qui ne peut tirer à son profit argument de son délit.

Il y a beaucoup à répondre à une semblable doctrine. En effet, l'article 1714 vise les rapports entre propriétaires et fermiers, il laisse subsister l'article 1328. Quant à prétendre que l'inculpé n'est pas un tiers admis à invoquer le défaut d'enregistrement, c'est résoudre la question par la question. On le suppose à tort délinquant dès le début de la procédure ; il ne sera délinquant que si une condamnation intervient contre lui ; jusqu'à ce que cette condamnation soit devenue définitive, il est supposé innocent, et doit être considéré comme un tiers.

Aussi, malgré la Cour de cassation, la Cour d'Amiens et bon nombre de tribunaux de province se sont-ils refusés à condamner sur la réquisition des locataires qui n'avaient pas fait enregistrer leur bail.

La Cour de Paris, appelée à se prononcer dernièrement, sans trancher la difficulté en droit, a rendu un arrêt que beaucoup de chasseurs regretteront, mais qu cependant ne laisse pas que d'être rationnel.

L'arrêt statue en ces termes :

« Attendu que, rien n'établissant la location de chasse, le plaignant ne justifie pas de ses qualités pour poursuivre, la Cour acquitte l'inculpé. »

Il nous paraît bien difficile de rendre un semblable arrêt, quand un acte sous seing privé non enregistré est produit en justice, quand des gardes ont été commissionnés avant les poursuites, quand les lettres échangées entre le propriétaire et le preneur établissent la location et sont produites à la barre.

Dans ces différents cas, la question de droit se dégagera nettement.

La jurisprudence de la Cour de cassation, que nous adoptons, peut être utilement combattue : il faut y prendre garde, — et, si l'on vit en bonnes relations avec le propriétaire, le mieux sera de solliciter son intervention.

Concluons de tout ceci que les situations nettes sont toujours les meilleures; que vouloir éviter de payer une somme minime au trésor et contourner la loi est un mauvais calcul.

Si votre bail n'est pas enregistré, vous aurez gain de cause, nous l'espérons; mais vous risquez d'engager un procès sérieux qui, dans tous les cas, vous coûtera plus cher que l'enregistrement auquel vous aurez voulu vous soustraire.

Les locataires de chasse représentent, à proprement parler, les propriétaires aux droits desquels ils sont subrogés.

Il n'en est pas de même des simples permissionnaires.

Nous allons examiner maintenant la condition de ces derniers.

Doit-on ranger parmi les locataires de la chasse, ou

parmi les permissionnaires, les personnes à qui le propriétaire donne sa chasse, à charge par elles de la faire garder ?

L'importance d'une pareille question saute aux yeux des moins clairvoyants.

Le locataire est, au point de vue de la chasse, un véritable propriétaire; il peut consentir des sous-locations, inviter qui bon lui semble : mais il est responsable des dégâts causés par le gibier, tandis que le permissionnaire n'a qu'un droit personnel, et qu'il n'encourt aucune responsabilité.

Nous ferons la distinction des permissions écrites et des permissions verbales.

S'il y a un véritable contrat passé entre le propriétaire et le permissionnaire, mettant à la charge de ce dernier des frais considérables, lui imposant certains gardes et des conditions onéreuses, les juges pourront dire que le permissionnaire a été improprement qualifié, qu'il est véritable locataire par le fait. Mais une semblable hypothèse n'est qu'une possibilité.

En thèse générale, le permissionnaire, malgré les conditions auxquelles il a bien voulu se soumettre, n'a qu'un droit précaire. S'il n'a pris soin de stipuler qu'il lui serait loisible de chasser en compagnie de ses amis, il doit chasser seul. Rien ne l'empêchera de se faire assister des auxiliaires que la jurisprudence ne considère pas comme coauteurs des faits de chasse : tels que piqueurs, valets de chasse, traqueurs, rabatteurs, etc., mais il lui est interdit de s'adjoindre d'autres chasseurs.

Que décider, s'il a été autorisé à convier *ses amis* à ses chasses?

Le propriétaire a écrit la lettre suivante : « Monsieur,

je vous autorise à chasser sur mes terres jusqu'à la prochaine clôture; vos amis pourront y chasser, mais seulement quand ils vous accompagneront. »

Il est certain qu'en donnant une semblable permission, le propriétaire n'a pas entendu rendre sa chasse banale. Il a pensé que le permissionnaire en userait avec discrétion.

Mais si ce dernier fait appel au ban et à l'arrière-ban de ses compatriotes, si, voulant faire des gracieusetés qui ne lui coûtent rien, il élargit le cercle de ses amis au point de faire de ce qui était une chasse réservée une véritable chasse commune, le propriétaire sera-t-il réduit à gémir sur son imprudence et à se reprocher d'avoir mal placé sa confiance?

Non, certes, et, s'il peut établir que parmi les chasseurs il s'en trouve qui, par leur condition sociale et les rapports peu fréquents qu'ils auraient avec le permissionnaire, n'étaient réellement pas ses amis, il les fera condamner.

On doit, dans les conventions, rechercher quelle a été la commune intention des parties contractantes, plutôt que s'arrêter au sens littéral des termes.

C'est ce que dit l'article 1156; or, dans l'espèce que nous avons citée, les termes et l'esprit du contrat sont favorables au propriétaire.

Qui en souffrira? Le malheureux invité qui a profité de l'occasion qu'on lui offrait. Il demandera des dommages-intérêts à celui qui l'aura induit en erreur, mais il n'en sera pas moins condamné en police correctionnelle.

La permission de chasse peut résulter d'un contrat écrit, ou d'un simple engagement verbal.

S'il y a contrat écrit, les difficultés d'interprétation seront moins fréquentes, mais elles pourront néanmoins se produire.

La permission verbale offre de grands dangers; elle donne naissance à des contestations que les tribunaux tranchent le plus souvent en fait. Aussi avons-nous peu de documents de jurisprudence pour nous guider.

Toutefois, en présence de témoignages contradictoires, le juge se voit forcé à recourir aux principes juridiques qui dictent sa décision.

Le permissionnaire a une situation précaire : il profite d'une exception. On ne doit pas dire ici comme en matière pénale : « Ce qui n'est pas défendu est permis. »

La chasse est en réalité défendue à toute autre personne qu'au propriétaire, ou son ayant droit. L'étranger, qui excipe d'une autorisation verbale ou écrite, doit prouver qu'il a reçu l'autorisation dont il revendique le bénéfice.

Mais, ne nous occupant que des permissions verbales, si l'autorisation n'a pas été donnée devant témoins, si la conversation dont elle résulte a eu lieu dans un tête-à-tête, que va-t-il se passer?

Il plaît au propriétaire de revenir sur sa parole, de faire, de mauvaise foi, dresser procès-verbal, et de soutenir que jamais il n'a donné de permission : sa simple affirmation suffira-t-elle pour faire prononcer une condamnation?

Tout dépendra des circonstances. Le juge peut déterminer sa conviction d'après les présomptions graves, précises et concordantes.

Si le propriétaire a pendant longtemps et ostensiblement laissé chasser celui que, par un caprice soudain, il poursuit sans l'avoir préalablement averti et sans lui avoir retiré la permission, l'acquittement est certain.

En effet, sans que personne ait entendu donner la permission formelle, tout le monde a pu constater l'existence de la permission tacite.

N'allons pas trop loin cependant, et gardons-nous bien de faire résulter une permission tacite de la tolérance de deux ou trois faits délictueux.

Un braconnier, que le propriétaire a bien voulu ménager, ne saurait argumenter des délits qu'il a commis pour s'assurer l'impunité. Entre ces actes non réprimés et les faits de tolérance ostensible dont nous venons de parler, il y a une notable différence, que nous ne chercherons pas à définir, parce qu'elle tombe sous le sens et se passe de démonstration.

Supposons toujours le propriétaire de mauvaise foi, — c'est un cas heureusement fort rare, mais que l'on doit prévoir dans une étude du droit, — si le permissionnaire n'est pas un habitué de la chasse, il n'aura qu'une ressource : déférer le serment à son adversaire, ou le faire interroger sur les faits et articles, s'il ne comparaît pas à l'audience pour donner des explications verbales.

Dans ce cas, il s'en remet à l'honorabilité de celui dont il tient ou croit tenir sa permission.

Les permissions peuvent être temporaires ou illimitées.

Si la permission est donnée sans indication d'un terme, elle est réputée perpétuelle, mais toujours révocable.

Celui auquel on a donné une permission formelle, ou

même tacite par tolérance, peut chasser sans crainte jusqu'au jour où la révocation arrive.

Si l'autorisation a été donnée par écrit, il sera prudent, pour la retirer, d'échanger avec le permissionnaire une correspondance qui, produite à la barre du tribunal, servira de preuve au plaignant, et, dans le cas où le permissionnaire refuserait de reconnaître que l'autorisation lui a été retirée, le mieux serait de lui adresser une signification par huissier. On coupera court ainsi à toute difficulté.

Les frais d'un acte extrajudiciaire sont peu élevés; ils éviteront des ennuis et des dépenses beaucoup plus considérables.

Nous avons dit que la condition du permissionnaire était précaire. Si cette assertion est vraie dans le cas où le propriétaire reste en possession de sa chasse, elle l'est bien davantage quand il la cède par un bail enregistré.

Plusieurs tribunaux ont pensé qu'ignorant le bail nouveau, le permissionnaire pouvait arguer de sa bonne foi, et dire au locataire exerçant contre lui des poursuites : « Je n'ai pas connu votre location, vous deviez m'en instruire. J'ai chassé comme autrefois, sans violer en réalité des droits que rien ne me faisait soupçonner. »

Cette réponse a paru naturelle à d'excellents jurisconsultes, et la plupart de ceux qui ne sont pas initiés aux règles du droit la trouveront juridique. Et pourtant elle ne l'est pas.

La Cour de cassation, dans un arrêt du 21 juillet 1865, a fixé la jurisprudence. Pour éviter les équivoques, nous reproduisons les circonstances dans lesquelles l'arrêt a été rendu.

Le 8 octobre 1863, procès-verbal est dressé contre

trois personnes chassant sur les terres de M. Allardin,
par le garde particulier d'un locataire de la chasse qui
produisait, pour exercer des poursuites, un bail sous
seing privé, enregistré le 6 octobre.

Les prévenus soutenaient qu'ils avaient été autorisés
à chasser par M. Allardin, qu'ils ignoraient l'acte de
location passé l'avant-veille du jour où aurait été commis le délit qu'on leur reprochait, et leurs prétentions
n'étaient nullement contestées.

Le tribunal de police correctionnelle et la Cour d'appel prononcèrent leur acquittement; mais le locataire
de la chasse se pourvut en cassation contre l'arrêt de
la Cour d'appel et le fit annuler.

La Cour suprême, attendu que le locataire avait été
investi sans réserve du droit de chasse, et que ce droit
ne saurait être amoindri par une permission antérieure
sans date certaine; attendu que la bonne foi n'est jamais une excuse en matière de chasse, cassa la sentence
d'acquittement.

C'est le principe rigoureux, mais ce principe peut
fléchir. Pour ne citer qu'un exemple des exceptions qu'il
subit, en septembre 1885 un désaccord survient entre
M. X..., notaire, et M. Z..., avoué.

Ils ont toujours l'un et l'autre librement chassé dans
le pré d'un voisin. Z... loue clandestinement la chasse de
ce pré, assermente un garde qui n'est pas du pays, et le
lendemain de l'enregistrement de son bail il fait verbaliser contre le notaire, que le tribunal de Nogent-sur-
Seine acquitte. La Cour de Paris confirme la sentence,
parce qu'elle n'admet pas qu'une autorisation tacite soit
ainsi retirée et parce que la ruse ne saurait prévaloir;
malitiis non est indulgendum. L'avoué s'est pourvu en

cassation; mais, pour éviter un nouvel échec et de nouveaux frais, il a dû se désister de son pourvoi. (Cour de Paris, 21 novembre 1885. Voir *le Droit* du 27 novembre 1885.)

Le tribunal de Loches a, le 14 décembre 1885, dans une espèce analogue, adopté la même jurisprudence.

Mais si en dehors de ces cas spéciaux une condamnation intervient, les locataires de la chasse ont-ils droit de demander des dommages-intérêts au propriétaire qui, sans porter la location à leur connaissance, les a exposés à commettre involontairement un délit?

Nous ferons une distinction : si le propriétaire a agi de bonne foi, s'il y a eu pur oubli de sa part, une condamnation, quelque minime qu'elle soit, serait trop rigoureuse. Mais s'il résulte des preuves fournies par les demandeurs en dommages-intérêts qu'il a agi méchamment et dans le but de porter préjudice à ceux qui tenaient de lui la permission, nous pensons que des dommages-intérêts devraient être accordés dans une forte proportion, parce que non seulement les permissionnaires doivent être largement indemnisés de leurs frais et du montant des condamnations, mais encore le propriétaire malveillant leur doit réparation du préjudice que cause toujours une condamnation en police correctionnelle, fût-ce pour un simple délit de chasse.

Il nous reste à examiner une question fort importante. Aux termes de l'article 1743 du Code civil, l'acquéreur d'un immeuble est tenu de respecter les baux qui ont acquis date certaine avant l'aliénation. — Cet article est-il applicable aux baux de chasse?

Jusqu'ici nous pensions qu'aucune controverse n'était possible. Mais nous lisons dans la thèse pour le doctorat de M. Fernand Daguin, ouvrage très approfondi et dont nous reconnaissons tout le mérite, bien que nous différions souvent d'opinion, que l'article 1743 ne saurait être applicable aux baux de chasse.

Voici comment argumente M. Daguin. Il est admis que les successeurs particuliers ne succèdent pas aux obligations de leurs auteurs. Le droit romain consacrait ce principe; notre jurisprudence le maintint en y apportant deux adoucissements commandés par l'équité : elle laissa le fermier jouir, pendant l'année courante, des biens loués, et n'appliqua pas la loi romaine aux acquisitions à titre gratuit. Dans le droit intermédiaire, la donnée romaine recevait son application lorsqu'il s'agissait d'un domaine urbain, ou d'un domaine rural, dont le bail dépassait six ans. L'acquéreur d'un bien rural, affermé pour moins de six ans, devait entretenir le bail. Le Code supprima la distinction du droit intermédiaire, et déclara que l'expulsion ne devrait jamais avoir lieu. Mais cette dérogation à la rigueur des principes ne fut admise que grâce à des considérations d'utilité publique; les industriels et les agriculteurs, a-t-on dit, n'auraient osé tenter aucune affaire importante, ni entreprendre aucune amélioration sérieuse, s'ils eussent été constamment menacés de l'éventualité d'une éviction.

Mais ces considérations, fort justes à l'égard de la location d'une exploitation rurale ou d'un bâtiment, n'ont aucune valeur quand il s'agit simplement d'une location de chasse; c'est une affaire toute de plaisir à laquelle il faut appliquer non les dispositions de l'article 1743, mais les règles de notre ancien droit.   .

M. Daguin ajoute, après cet exposé, que le bailleur

fera sagement d'insérer dans le contrat de location une clause de résolution en cas de vente de l'immeuble, afin d'éviter toute action en dommages-intérêts que le locataire évincé pourrait diriger contre lui.

L'opinion de M. Daguin ne tend à rien moins qu'à renverser toute la jurisprudence. Suivant lui, la vente d'un immeuble annule les baux de chasse. Ainsi donc il n'y a plus de sécurité dans l'avenir pour le locataire qui, malgré un bail enregistré, peut se trouver dépossédé par un fait indépendant de sa volonté.

Nous répondons que nous n'avons plus à nous occuper des lois romaines, puisque le Code les a abolies. Le législateur moderne a décidé que tous les baux devaient être respectés, et il n'a pas fait d'exception pour les baux de chasse. Par quels motifs a-t-il été déterminé? Peu importe, et d'ailleurs les locations de chasse, si elles ont un but d'agrément, peuvent avoir aussi un but d'utilité. Certaines personnes se proposent d'atteindre ces deux buts à la fois.

Confiant dans mon bail, je crois avoir le droit de chasse pour dix ans, je fais venir du gibier à grands frais, j'assermente des gardes, je me crée une installation; et, parce qu'il plaît à mon bailleur de transférer à un autre sa propriété, je dois être expulsé?

Non certes, je ne suis pas Romain, et n'ai que faire de la loi romaine, à laquelle je me reporte sentimentalement quand je ne suis pas régi par une loi française, mais que je repousse quand elle est contredite par un texte formel.

D'ailleurs, si c'était un droit pour le propriétaire de vendre sa propriété exempte de toute location de chasse, comment le locataire pourrait-il demander des dommages-intérêts? Enfin, si le propriétaire insolvable était exproprié, et son immeuble vendu sur saisie immobilière, je n'obtiendrais donc aucune indemnité? Bien plus, avec la loi de 1844, je ne pourrais même pas reprendre vivant le gibier que j'aurais mis sur les terres que j'ai louées.

Cette théorie est inadmissible, et nous concluons que l'article 1743 du Code civil est applicable aux locations de chasse.

Nous verrons plus tard quelles sont les règles générales du louage qui ne peuvent avoir trait à notre matière.

II.

Droits conférés par la location.

1º *Droits principaux.* — 2º Droits accessoires.

Droit de chasse illimité. — Peut-on, après avoir loué une chasse pour une année, anéantir le gibier sur la propriété?

Le propriétaire peut-il demander la résiliation et des dommages-intérêts pour abus de jouissance?

De la poursuite des délinquants. — Des mesures nécessaires pour la conservation du gibier.

Un associé peut-il agir en justice sans l'assentiment de ses coassociés?

Le propriétaire peut-il se plaindre des *modes de chasse* non autorisés par la loi?

Le locataire d'une *chasse close* peut-il poser des collets, traîner des panneaux?

A-t-il le droit de lever les nids de perdrix ou de faisans? — d'épiner les champs?

Principe : *Accessorium sequitur principale,* « Qui veut la fin, veut les moyens. »

Les œufs de fourmis appartiennent-ils de droit au locataire de la chasse?

Des cas de modifications de culture. Des cas de défrichement. Est-il loisible au propriétaire d'écarter directement ou indirectement le gibier du terrain loué?

Résiliation avec dommages-intérêts au profit du locataire, si le propriétaire modifie notablement sa chasse. *Exemples.*

Digression forcée sur le droit de suite. — Peut-on tirer au fusil les poissons sur les rivières, étangs ou marais?

Les fermiers de chasse ont-ils le droit de détruire *en tout temps* les bêtes fauves qui causent un dommage appréciable ; ont-ils besoin pour cela d'une délégation du fermier cultivateur?

Nous allons passer en revue successivement tous les droits qui dérivent des locations de chasse. En thèse générale, celui qui loue une ferme ou une maison est tenu de jouir en bon père de famille; il peut tirer de la chasse qu'il a prise à bail tous les avantages qu'un propriétaire raisonnable peut en tirer, mais non endommager le fonds dont la garde lui est confiée.

Il importe de faire précéder cette étude d'une observation fort importante.

Aux termes d'une jurisprudence presque unanime, sur laquelle nous espérons bien qu'on reviendra plus tard, le locataire de chasse ne peut poursuivre correctionnellement son propriétaire, si ce dernier chasse au mépris des droits qu'il a conférés.

Les tribunaux décident qu'il y a là une violation d'un contrat civil, et non un délit. Le propriétaire manque à son engagement, et non à la loi.

Et pour arriver à cette singulière conséquence on discute à la façon bysantine, on équivoque sur les mots. Le propriétaire, dit-on, ne peut être condamné pour chasse sur le terrain d'autrui, puisque le terrain n'a pas cessé de lui appartenir!

Il est bon de faire savoir que les cours de Paris, de Rouen, d'Orléans, les tribunaux d'Étampes, de Langres, de Fontainebleau, se sont prononcés dans ce sens.

Quand le bail prend fin, le locataire doit rendre au propriétaire la maison ou la terre dans l'état où il l'a reçue. S'il la compromet par une mauvaise gestion, il s'expose à voir le bail résilié, et à se voir condamner, en outre, à des dommages-intérêts, proportionnés au préjudice qu'il a causé au bailleur.

Celui qui loue un troupeau, et qu'on appelle commu-

nément le loueur à cheptel, s'engage à rendre à fin de
bail un nombre d'animaux égal à celui qu'il a reçu. Il ne
profite, en réalité, que des bestiaux qui sont nés pendant sa location, et doit remplacer ceux qui meurent de
vieillesse ou de maladie.

Mais le principe qui a sa raison d'être dans les locations
ordinaires disparaît en matière de locations de chasse.

Si le propriétaire avait un droit incontestable sur le
gibier vivant qui peuple ses terres ou ses bois, la règle
générale recevrait, autant que possible, son application. Nous disons « autant que possible », car il nous
paraît bien difficile de déterminer, même approximati-
vement, le nombre des lapins, lièvres ou perdrix qui se
trouveraient sur la propriété lors de l'entrée en jouissance du locataire, et que celui-ci devrait rendre à l'extinction de ses droits.

Mais le dénombrement ne peut avoir lieu pour des
raisons d'autre nature et essentiellement juridiques.

Ce que le propriétaire confère à son locataire, ce
n'est pas le droit au gibier, qui appartient à tout le
monde, ou pour mieux dire au premier occupant, mais
bien plutôt la capacité de s'emparer du gibier sans commettre un délit.

En louant une chasse, on ne fait que se relever d'une
déchéance, ainsi formulée par la loi de 1844 : « *Nul* ne
« peut chasser sur le terrain d'autrui sans la permission
« du propriétaire. »

Si, à l'expiration du bail, le propriétaire disait au locataire : « Je vous ai livré une chasse giboyeuse, vous
avez détruit jusqu'au dernier lapin, jusqu'à la dernière
perdrix; vous pouviez user, mais non abuser, repeuplez
ma chasse et rendez-la-moi comme je vous l'ai livrée, »

le locataire répondrait avec raison : « Vous n'aviez
« aucun droit à ce dernier lapin et à cette dernière per-
« drix, et en réalité vous n'avez rien confié à ma
« garde, puisqu'on ne confie que les choses dont on
« est propriétaire, et il est impossible d'établir votre
« propriété. »

L'argument est irréfutable. Quand bien même la
chasse louée aurait été peuplée d'animaux d'espèce rare,
peu nomades, aucune exception n'est admissible. Si les
animaux en liberté sont des animaux domestiques, il ne
peut y avoir de bail de chasse; dès lors qu'ils sont sauvages et hors de la domesticité, on les appelle *gibier*;
ceux qui les tuent sans droit sont punis comme braconniers, mais ceux qui ont l'autorisation de les chasser,
les détruiront à tir et à courre, comme ils l'entendront,
sans être tenus à la moindre réserve.

Le roi d'Italie est parvenu à acclimater les antilopes;
on en trouve aujourd'hui dans les forêts domaniales de
Toscane.

Si quelque riche propriétaire en faisait venir en
France, il risquerait fort de faire des dépenses pour ses
voisins. Mais, dira-t-on, il est bien évident que les antilopes lui appartiendraient, et que le riverain qui les
tuerait s'emparerait du bien d'autrui. Nullement, les
antilopes en liberté seraient gibier, et le *gibier* n'appartient à personne.

Un compagnon de chasse, avec lequel nous nous
trouvions dernièrement, nous racontait la mésaventure
qui lui était arrivée, il y a quelques années.

Il chassait les sangliers dans un bois à lui appartenant. Deux forts ragots avaient été abattus par quelques
tireurs, en collaboration.

3.

On entendait encore au loin la voix des chiens. Petit à petit, la chasse se rapproche, toute la meute paraît souffler aux soies de la bête : c'est sans doute un vieux solitaire maussade, qui aime mieux faire un ferme coulant que de percer droit devant lui. Enfin le voici qui se laisse entrevoir derrière un épais fourré, il a pris cent mètres d'avance sur le vautrait. Notre ami, tout ému, lâche son premier coup de fusil. Jamais il n'a été aussi adroit : les sangliers, d'habitude, portent facilement plusieurs balles, celui-là a roulé du premier coup, comme un lapin. Quand il s'approche pour contempler son chef-d'œuvre, il s'aperçoit qu'il a abattu une pièce plus rare encore qu'il ne pensait. Tout le monde a vu des lamas au Jardin des plantes; il n'y avait pas à s'y tromper : c'était bel et bien un lama qui avait joué le rôle de sanglier.

Un grand propriétaire des environs, aussi amateur de chasse qu'excentrique, en avait fait venir cinq à grands frais, du Pérou. Quatre étaient morts de maladie; le cinquième paraissait avoir hérité de la vigueur et de la santé des autres : il avait fallu le coup d'adresse ou de maladresse que nous venons de citer, pour lui ôter la vie, qu'il a d'ailleurs fait payer cher en mourant.

Averti de ce qui s'était passé, celui qui se regardait comme le maître du lama, qu'il avait acheté et mis en liberté, voulut en faire une grosse affaire. On transigea à quinze francs de dommages-intérêts.

Nous croyons que la transaction ne devait pas avoir lieu, parce que les lamas, abandonnés à leur nature sauvage dans un endroit non clos, étaient du gibier comme le lièvre et la perdrix.

Le fait ne se produit-il pas tous les jours pour des animaux moins rares, en France, que les lamas, pour les faisans vénérés? Je suis seul de mon département à en élever; un voisin les tue sur ses propres terres : je n'ai ni indemnité à demander, ni plainte à formuler.

Concluons-en que, si je loue ma chasse très giboyeuse, et renfermant des colins, des faisans vénérés, voire même des lamas, je m'en remets à la discrétion de mon locataire, qui pourra les détruire comme il lui plaira, — comme il peut détruire tous les lièvres et tous les lapins.

Par le seul fait de la location, le locataire est subrogé aux droits du propriétaire en ce qui touche la chasse. — Il peut prendre pour la conservation du gibier les mesures qui lui semblent utiles, à la condition toutefois de n'apporter aucune entrave sérieuse à l'exercice des droits du cultivateur.

Mais quand le cultivateur pourra-t-il se prétendre gêné par le chasseur? Lui sera-t-il permis de s'opposer aux moindres actes, tels que l'épinage, qui, sans causer un préjudice appréciable, favorisent la multiplication du gibier et empêchent le braconnage? C'est ce que nous examinerons avec quelques détails.

De toutes les mesures conservatoires, la première, incontestablement, est la répression des délits.

Le locataire de la chasse peut, quand sa qualité est incontestée, traduire les braconniers en police correctionnelle, comme le ferait le propriétaire lui-même. Il a des gardes auxquels il fait prêter serment.

Une question se présente ici qui n'a jamais été soulevée. Un propriétaire a des gardes; il achète une terre nouvelle depuis que ses gardes ont prêté serment : doit-il leur faire prêter un nouveau serment? Nous répondrons par une distinction : si la propriété nouvelle est située dans le même canton ou le même arrondissement que les propriétés anciennes, un nouveau serment est inutile. En effet, le garde a été agréé par le tribunal pour dresser des procès-verbaux sur toutes les propriétés du maître qui sont situées dans son ressort. Mais il est bien évident que, si vous avez fait prêter serment à votre garde à la barre du tribunal de Nevers, et que vous deveniez demain locataire d'une chasse à Fontainebleau, pour que votre garde puisse régulièrement verbaliser à Fontainebleau, il lui faudra prêter un nouveau serment.

Le locataire peut-il poursuivre en invoquant le procès-verbal dressé par le garde du propriétaire? Non, car le prévenu objecterait que le propriétaire, en se dessaisissant de son droit de chasse, a rendu sans effet la commission de son garde.

Mais n'oublions pas que, si les procès-verbaux ont, comme tels, une force probante considérable, quand ils ne sont pas réguliers et qu'ils pèchent par un vice de forme seulement, le tribunal sait bien les vivifier. Il prend l'affirmation des gardes pour un simple témoignage, mais pour un témoignage convaincant, et prononce la condamnation. C'est une grave erreur que de croire à l'insuffisance d'un seul témoin; il n'en faut qu'un pour motiver une condamnation, quand bien même il serait combattu par des affirmations contraires. Le juge détermine sa conviction comme il l'entend, et ne relève que de sa conscience.

Nous en concluons que, si vous n'avez pas encore pu faire prêter serment à vos gardes, vous n'êtes pas exposé à voir la chasse que vous avez louée devenir la proie des braconniers; vous invoquerez des témoignages, vous recourrez aux gardes du propriétaire, si bon vous semble; ils ne seront pour vous que de simples témoins, mais, le cas échéant, ils ne laisseront pas que de vous être fort utiles.

Les chasses ont atteint des prix si élevés, qu'on tend de plus en plus à ne louer que par association.

En principe, les sociétés de chasse sont des sociétés civiles et non des sociétés commerciales; comme le seraient des compagnies formées pour l'exploitation, l'achat et la vente d'animaux domestiques. Il s'ensuit qu'une société de chasse ne pourrait être mise en faillite.

Mais, en matière de sociétés civiles, les statuts font la loi : autant de sociétés, autant de réglementations. Il est possible que, dans l'état constitutif de la société, on ait déclaré que tous les actes d'administration seront accomplis par une ou plusieurs personnes déléguées. C'est parfaitement licite; dans ce cas, les délégués seuls ont le droit d'agir en justice, comme ils ont seuls le droit d'engager la société dans des dépenses pour achats de gibier, de grains, de paille, etc.

Mais si, au lieu d'une société organisée spécialement, nous prenons pour exemple une simple association se référant aux principes généraux du droit, nous reconnaîtrons à chacun de ses membres le pouvoir de chasser quand et comme il veut, de poursuivre les délinquants envers et contre l'opinion des autres sociétaires. C'est même cette égalité de fait qui devient inégalité, parce que tous les associés n'ont pas la liberté d'user des mêmes prérogatives, ce qui, le plus souvent, sert de brandon de discorde.

Une association se compose de dix personnes; neuf

désirent qu'il n'y ait pas de poursuites dirigées contre un imprudent voisin qui s'est laissé dresser procès-verbal sur les terres de la société, le dixième veut poursuivre, les neuf autres n'ont pas qualité pour l'en empêcher.

En résumé, chacun, dans ce cas, agit comme s'il était seul locataire. N'allons pas trop loin, cependant, en parlant des rapports entre associés, et ne disons pas d'une manière absolue que les locataires dissidents ne pourraient pas empêcher leurs coassociés d'engager un procès de chasse. Il est plus vrai de dire que l'inculpé ne peut opposer au locataire poursuivant qu'il n'a pas l'agrément de ses coassociés; car, pour être logique, si nous accordons à chaque locataire un droit individuel, ce droit est susceptible de délégation, et rien n'empêche les différents locataires d'accorder des permissions de chasse.

C'est là ce qui rend impossibles les locations de chasse par association sans clauses spéciales, car, le jour où la discorde apparaît, il faut renoncer au plaisir, — chacun ayant des droits tels qu'il faut, en s'y conformant, anéantir tout le gibier dans les huit jours.

Rien n'empêche de mettre les actions de chasse au porteur. Cette forme moderne peut parfaitement convenir aux hommes pratiques. Nous ne comprenons les associations de chasse qu'entre intimes amis et qu'à la condition de réunir deux ou trois personnes seulement, mais nous devons nos indications à ceux de nos lecteurs qui sacrifient au goût du jour et qui mettent la chasse en actions comme une vulgaire mine de charbon .ou de pétrole.

Le porteur d'une carte de chasse est aux droits de celui qui la lui a délivrée. Le tribunal de Pontoise, dans son jugement du 8 février 1882, a posé ce principe et en a déduit toutes les conséquences.

Mais nous ne saurions trop recommander en cette matière de soigner l'acte d'association, et de le faire examiner attentivement par des jurisconsultes, car la Cour d'Orléans, dans son arrêt du 18 décembre 1885, a décidé que le traité intervenu entre les propriétaires d'une île qui mettent en commun leur droit de chasse, sous la surveillance d'un seul garde, avec cette condition que chacun d'eux pourra chasser, soit séparément, soit conjointement, avec deux fusils seulement, est une convention *intuitu personæ*; que, par suite, ce droit ne peut être cédé à un tiers. (*Le Droit*, 2 septembre 86.)

Nous avons parlé de l'étendue des droits conférés par le bail de chasse; nous avons expliqué comment le propriétaire ne faisait que relever le locataire d'une déchéance prononcée par une loi de police; nous devons donc conclure, du principe que nous avons posé, que dans aucun cas le propriétaire ne sera admis à critiquer les moyens d'action employés par son locataire, — à moins, toutefois, qu'une clause contraire n'ait été insérée dans le bail.

Le propriétaire sera-t-il admis à se plaindre en justice, si son locataire chasse à l'aide d'engins prohibés?

La question est très importante; la chasse à l'aide d'engins prohibés est sévèrement punie, et la jurisprudence se montre portée à en trouver partout.

C'est ainsi que le fait de reprendre des faisans à l'aide de cages à poulets a été déclaré délictueux par la Cour de cassation. Le propriétaire pourra-t-il défendre à son locataire l'emploi de ce moyen, et le poursuivre de ce chef en police correctionnelle? Non, dans notre opinion, car il n'a aucun contrôle à exercer sur les agissements de son ayant droit. Il pourra se plaindre, si, au lieu de chasser, le locataire favorise dans des conditions anormales la multiplication du gibier; il ne le pourra pas, s'il détruit le gibier même à l'aide de moyens illégaux. Qu'il intente des poursuites; on lui opposera le défaut de qualité, et il sera condamné aux dépens.

C'est au ministère public de prendre les mesures qui lui paraissent utiles.

Disons, à ce propos, ce qui se passe tous les jours contrairement à la loi, sans motiver des poursuites.

On a beaucoup adressé de critiques, avec plus ou moins de raison, à la loi de 1844; mais écoutez les propriétaires, et vous remarquerez que leurs récriminations portent le plus généralement sur deux points seulement.

Ils ne peuvent pas comprendre pourquoi le braconnier, qui leur tue un chevreuil ou un faisan, n'est pas condamné comme voleur, et pourquoi il leur est interdit de reprendre, chaque année, quelques jours avant l'ouverture, ces faisans qu'ils ont élevés avec tant de frais et au prix de tant de soins.

C'est que les chasses sont devenues aujourd'hui artificielles, et qu'on s'occupe beaucoup d'élevage de gibier. Les faisans qu'on fait éclore, qu'on met dans des cages bien préparées communiquant avec celle de la poule, qu'on soigne bien plus que les animaux domestiques, à qui l'on donne, pendant l'été, une liberté relative, et qui viennent prendre leur nourriture au premier coup de sifflet, ces faisans, un braconnier les tue et les emporte sans risquer d'autre peine qu'une amende de 16 à 100 francs! Et s'il avait pris une poule domestique, il serait condamné comme voleur!

Bien plus, il n'est pas permis de se mettre en garde contre les braconniers en reprenant les faisans à l'aide de cages à poulets.

Non, telle est la jurisprudence. — La loi considère le gibier comme sauvage et n'appartenant à personne; on peut dire qu'aujourd'hui elle n'est pas au niveau de la civilisation.

Il ne faut cependant pas aller trop loin, et chaque jour la jurisprudence nous arrête dans les conséquences que nous voudrions tirer de principes trop absolus. Dans son arrêt du 9 décembre 1885, la première chambre de la Cour de Paris a décidé que le fait par un garde particulier d'avoir, avec l'assentiment de son maître, tendu dans les bois dont il a la surveillance des mues ou cages destinées à la reprise, dans un but d'élevage du gibier, de jeunes faisans mis momentanément en liberté, ne constitue ni le délit de chasse en temps prohibé, ni celui de chasse à l'aide d'engins prohibés. (*Le Droit*, 14 décembre 1885.)

N'oublions pas qu'en demandant si le locataire de la chasse peut poser des collets ou traîner des panneaux, en un mot, se servir d'engins prohibés, nous nous occupons des rapports entre locataires et propriétaires.

Si le parquet défère ce fait illégal aux tribunaux, une condamnation sera certainement prononcée; mais là n'est pas la question. Le propriétaire qui assignerait directement devant le tribunal de police correctionnelle son locataire, pour emploi d'engins prohibés, verrait sa demande repoussée parce qu'il n'aurait pas qualité pour se plaindre d'un préjudice qu'il n'éprouve pas.

Il est interdit de prendre sur le terrain d'autrui des œufs et des couvées de faisans, de perdrix et de cailles ; mais on reconnaît généralement que le droit accordé au propriétaire seul n'est pas personnel : il est susceptible de délégation. De même que le propriétaire peut faire lever les nids de perdrix et autres par ses domestiques, il peut aussi conférer le droit de les lever à son locataire de chasse. Nous pensons que ce droit est délégué implicitement par le fait de la location de chasse.

De toutes les mesures prises par le chasseur pour la conservation du gibier de plaine, la plus efficace est sans contredit l'épinage. Dans les vastes champs de la Brie, où le perdreau abonde, les braconniers auraient beau jeu si le propriétaire ou le locataire de la chasse ne se mettaient en garde contre les panneaux.

La concession d'un droit suppose implicitement la concession des moyens d'exercer ce droit et de prendre des mesures utiles pour le conserver.

On a fait de graves objections à notre système, qui consiste à permettre au locataire de la chasse d'épiner malgré les prohibitions du fermier cultivateur et du propriétaire. On a dit que nous voulions sacrifier les intérêts agricoles à de simples distractions.

Nous répondons d'abord que la chasse n'est pas une simple distraction, et M. H.-É. Chevalier, ancien rédacteur en chef de *la Chasse illustrée*, a prouvé plus d'une fois que derrière les questions de plaisir cynégétique se trouvaient souvent des questions économiques fort importantes. Les chasseurs ne sont pas les seules personnes ayant intérêt à ce que le gibier se multiplie.

Néanmoins, s'il y a conflit entre le locataire de la

chasse et le fermier cultivateur, pour apprécier les droits de chacun, nous aurons des tendances à nous montrer favorable au fermier. Mais il faut, pour priver le chasseur de ses droits, que le fermier éprouve un préjudice appréciable.

Il faut donc rechercher si les épines causent un préjudice au fermier. Si le chasseur transformait en roncier, sous prétexte d'épinage, les champs où il veut conserver ses perdreaux, le fermier se plaindrait à juste titre. Rien ne l'oblige, en effet, à défricher chaque année ce qu'il plaît au propriétaire chasseur de planter.

Mais tout le monde sait comment on épine les champs d'habitude. Une pièce de chaume de dix hectares est aussi bien garantie par cinquante épines qu'elle le serait par cinq cents.

L'épinage, tel qu'il se pratique partout dans les propriétés giboyeuses, est incapable de nuire au fermier.

Le bon sens fera donc résoudre la question en faveur du propriétaire, et par conséquent en faveur du locataire de la chasse, qui est subrogé à ses droits.

L'article 1728 du Code civil dit :

« Le preneur est tenu de deux obligations principales : 1° d'user de la chasse louée en bon père de famille et suivant la destination qui lui a été donnée par le bail *ou suivant celle présumée par les circonstances.* »

Le fermier cultivateur n'ignore pas que le propriétaire s'est réservé formellement ou tacitement le droit de chasse, et que la destination donnée par le bail est d'exploiter le fonds en permettant au propriétaire ou au chasseur son ayant cause d'exercer son droit de chasse et toutes les mesures conservatoires de ce droit.

Dans les conventions il faut d'abord chercher quelle a été la commune intention des parties. Nous nous trouvons en présence de deux intérêts qui peuvent être différents : celui du cultivateur et celui du chasseur.

Lors de la signature de son bail, le cultivateur n'a pas ignoré qu'il devrait subir quelques légers inconvénients de la réserve du droit de chasse; mais cette considération a eu une influence plus ou moins grande sur la fixation des conditions mêmes du bail et sur la détermination du prix.

Il est également vrai qu'en louant une chasse le locataire n'a pas entendu renoncer à toutes les mesures qu'il pourrait prendre pour garantir son gibier contre les braconniers.

Le jour où le fermier aura besoin de labourer son champ, il enlèvera les épines : rien de plus juste. Mais si, poussé par cet esprit de jalousie qui tourmente trop souvent le bon villageois, il arrache l'épinage sans nécessité et dans le seul but d'être désagréable au chasseur, il s'expose à être condamné à des dommages-intérêts.

Ces dommages-intérêts peuvent être demandés en vertu de l'article 1145 du Code civil combiné avec l'article 1728; ou même simplement en vertu de l'article 1382, ainsi conçu : « Tout fait quelconque de l'homme, qui cause à autrui un dommage, oblige celui par la faute duquel il est arrivé à le réparer. »

Dans certains cas, les dommages-intérêts pourront s'élever à une forte somme : si, par exemple, peu de jours après que le fermier a enlevé l'épinage, les filets des braconniers ont, comme cela arrive trop souvent, ramassé tout le gibier de la contrée.

Non seulement le locataire de la chasse peut faire tout ce qui n'est pas incompatible avec les intérêts de la culture, pour retenir le gibier, mais encore, en vertu de ce principe : *accessorium sequitur principale*, que nous avons si souvent invoqué, et auquel nous nous reporterons plus d'une fois dans le cours de notre travail, il a droit à la nourriture du gibier, à tout ce qui rend la chasse giboyeuse.

Il y a deux droits qui peuvent être en conflit et qui ne doivent jamais être sacrifiés l'un à l'autre : le droit du fermier des terres et celui du locataire de chasse. Dans certaines contrées, la chasse rapporte presque autant que la location du sol. Le fermier a donc bien su, quand il n'a pas stipulé à son profit le droit de chasse, que ce droit de chasse existerait en dehors de lui avec toutes ses conséquences. Il ne lui appartient pas d'amoindrir ce droit. Si le locataire de la chasse laisse pulluler les lapins à l'excès, il discutera la faute, la négligence ou l'imprudence du chasseur et l'étendue du dommage, mais il n'aura pas le droit de saisir cette raison ou ce prétexte pour entraver la chasse.

Un fermier jaloux, sous prétexte de se garantir contre les lapins ou les lièvres, fait poser un grillage, coupe une plaine, entrave la circulation du gibier, nous ne craignons pas de dire qu'il anéantit le gibier : ce n'est certes pas son droit, et la Cour de Paris a, par deux arrêts des 26 mars 1878 et 4 janvier 1884, sur la demande du locataire de chasse, ordonné au fermier d'enlever les treillages et de payer des dommages-intérêts.

Le tribunal de Melun, le 5 mars 1886, a suivi cette jurisprudence.

Mais le danger peut être imminent. Les dommages-intérêts qui seront alloués à la fin d'un procès généralement très long peuvent être minimes et irrécouvrables; il convient d'aviser d'urgence.

Nous avons, dans une espèce semblable, rédigé cette année même une consultation concluant à la compétence du juge des référés, vu l'urgence et le conflit entre deux droits égaux, celui du fermier et celui du locataire de chasse.

Conformément à cet avis, M. le président du tribunal de Corbeil a ordonné l'enlèvement immédiat, par provision et nonobstant appel, des grillages posés par un fermier jaloux qui croyait bien anéantir une des plus belles chasses des environs de Paris. Cette sentence était rendue sous toute réserve des droits des parties.

Ce fermier, mieux avisé, a compris qu'il n'obtiendrait pas de la Cour le maintien de son grillage, il a enlevé le grillage qu'il avait posé à ses frais.

Une question des plus embarrassantes a été soulevée devant les tribunaux : il s'agissait de savoir si le locataire de la chasse pouvait exercer des poursuites correctionnelles contre celui qui avait enlevé des œufs de fourmis sur le sol forestier.

Cette question est plus complexe qu'on ne le croit à première vue.

J'élève des faisans, j'ai besoin de mes œufs de fourmis; un voisin les fait enlever : je dois renoncer à mon élevage, si je n'ai rien à demander que des dommages-intérêts qui seront le plus souvent dérisoires.

Nous avons plaidé le point de droit devant la Cour de Paris, qui a infirmé un jugement du tribunal de Fontainebleau, et condamné le délinquant à l'amende.

La question est complexe, disons-nous. En effet, est-il

bien établi que le locataire de la chasse ait droit aux œufs de fourmis?

Ce point n'est pas très nettement établi par l'arrêt que nous avons obtenu. Il s'agissait, en effet, de locataire d'une forêt de l'État, et les affiches placardées avant l'adjudication donnaient au locataire un droit sur les fourmilières.

Il ne pouvait donc y avoir de doute, et nous poursuivions en vertu d'un droit qu'on nous avait délégué d'une façon formelle.

Mais, si l'arrêt de la Cour n'a pas eu à statuer sur cette difficulté, il nous est permis de nous prononcer en faveur du locataire indépendamment de toute clause insérée dans le bail.

Comment trouver un texte de la loi qui s'appliquât à l'enlèvement des œufs de fourmis? Y avait-il là un vol manifeste? Non, bien évidemment. Quelque juriste que l'on soit, on ne peut aller jusqu'à considérer comme voleur celui qui ramasse quelques pierres sur une grande route, ou des larves de fourmis dans une forêt.

Si, d'autre part, on ne trouvait aucun moyen de répression, aucune action pénale, les éleveurs de faisans risquaient fort de se voir dévalisés. Demanderont-ils des dommages-intérêts? Le juge, s'il en accorde, en donnera bien peu, et la condamnation qu'il prononcera sera impuissante à réprimer la faute qu'il veut punir.

L'article 144 du Code forestier est ainsi conçu : *Toute extraction ou enlèvement non autorisé de pierre, sable, minerai, terre ou gazon, tourbe, bruyères, genêts, herbages, feuilles vertes ou mortes,* ENGRAIS EXISTANT SUR LE SOL DES FORÊTS, *glands, faines et autres fruits ou semences des bois ou forêts, donnera lieu à des amendes qui seront fixées ainsi qu'il suit : par charretée ou tombereau, de dix à trente francs pour chaque bête attelée ; pour chaque charge de bête de somme, de cinq à quinze francs ; par chaque homme, de deux à six francs ; il pourra, en outre, être prononcé un emprisonnement de trois jours au plus.*

Comme on le voit, la loi n'est pas sévère, mais elle vaut mieux que rien. C'est une industrie lucrative que de ramasser les œufs de fourmis : on m'a cité certains hommes qui pendant l'été avaient gagné ainsi jusqu'à quinze et vingt francs par jour. S'ils ne risquaient qu'une condamnation à quatre ou cinq francs de dommages-intérêts, ils s'aventureraient tous les jours dans les bois d'autrui pour dévaster les fourmilières.

Les dommages-intérêts les toucheraient d'autant moins que le plus souvent ils sont insolvables. La police correctionnelle est un heureux épouvantail. Cette amende de deux à six francs, qu'on applique, n'est pas la seule peine édictée par la loi. Remarquez que ces trois jours de prison peuvent retenir celui que ne retient pas la crainte d'une simple action civile.

Comment trouver dans notre article 144 une phrase qui se rapporte aux œufs de fourmis? L'analyse chimique nous le dit. Les œufs de fourmis sont un engrais et un engrais excellent : la larve contient du phosphate, en quantité minime, il est vrai, mais elle en contient.

Nous nous trouvons donc en présence d'un délit bien déterminé : l'enlèvement d'engrais sur le sol forestier.

Avons-nous donc besoin de recourir à l'analyse chimique pour prouver qu'on enlève de l'engrais sur le sol forestier? Non, car tout le monde connaît les moyens qu'on emploie pour s'emparer des fourmilières : on ne prend pas chaque œuf un à un, mais les industriels spécialistes procèdent généralement avec une pelle.

Ils ramassent ainsi avec les larves du sable, des feuilles, du gazon, des bruyères, peu importe dans quelle proportion, et par cela seul tombent sous l'application de l'article 144 du Code forestier, sans qu'il soit besoin d'en demander davantage.

La jurisprudence que nous avons obtenue se confirmera, nous l'espérons ; nous souhaitons même qu'elle se complète, et qu'en l'absence de toute convention spéciale entre propriétaire et locataire de chasse, on reconnaisse à ce dernier le droit aux fourmilières. Il y a là une convention tacite. Quand on loue une chasse pour y tuer des faisans, quand on la paye en conséquence, c'est qu'on sait que le faisan s'y plaît et qu'il y trouve sa nourriture. Laissez faire en sorte que le faisan n'y trouve plus sa vie, il émigrera, et dès lors l'état même de la chasse louée se modifiera.

Mais nous nous trouvons entraîné à parler des modifications qui peuvent être apportées par le propriétaire, et nous abordons un des sujets les plus pratiques et les plus intéressants.

L'article 1723 du Code civil est ainsi conçu : « Le bailleur ne peut, pendant la durée du bail, changer la forme de la chose louée. »

La jurisprudence a toujours appliqué sévèrement ce principe : c'est ainsi qu'il a été décidé qu'en cas de louage d'un appartement ayant vue sur un jardin, le bailleur ne peut détruire le jardin et élever des constructions à la place, quand même ces constructions n'ôteraient ni l'air ni le jour au locataire.

Dans quelles limites appliquerons-nous cet article aux locations de chasse? Nous n'irons pas jusqu'à dire que le propriétaire, ou le fermier qui exploite la terre, ne pourra en rien modifier la culture qu'il faisait lorsque la chasse a été louée. Quand, par exemple, lors de la location, on exploitait une distillerie, et si les betteraves poussaient en abondance dans les champs, il est permis au propriétaire ou fermier d'ensemencer ses terres en blés, luzernes, avoines, etc., et de renoncer soit à la distillerie, soit à la culture des betteraves.

Si le chasseur se plaint, s'il fait valoir que la propriété était auparavant plus giboyeuse, on lui répondra qu'il est de l'essence même de la culture d'être modifiée chaque année, et qu'on n'a pris aucun engagement envers lui.

Mais le propriétaire ne doit pas s'efforcer d'écarter le gibier dans le seul but de nuire à son locataire.

On voit que nous faisons une large part aux intérêts agricoles. Nous n'avons pas la prétention de faire passer la chasse, qui est un plaisir, avant l'exploitation même de la terre.

Mais si la chasse est un plaisir, c'est un plaisir que l'on paye et auquel on a droit. Le propriétaire, en consentant la location, n'a pas fait que relever le locataire d'une déchéance, il a pris un engagement vis-à-vis de lui; et nous en trouvons la preuve dans les différences qui existent entre les prix de location. Tel loue sa chasse 50 centimes l'hectare, tel autre la loue 10 francs. Cet écart n'est pas produit seulement par la proximité des grandes villes et des chemins de fer et par la facilité des moyens de transport, il résulte encore de l'état même dans lequel se trouve la propriété louée.

Dans certains pays, on ne trouve pas de locataires pour la plaine, et les chasses aux bois montent à des prix très élevés.

Si je loue un bois de deux ou trois cents hectares, attenant à une forêt, c'est que j'espère tuer des faisans, des lièvres, des chevreuils, peut-être même des cerfs et des sangliers. Supposons maintenant que j'aie fait un bail de douze années. Dès la première année il plaît au propriétaire de faire défricher et de mener ses travaux grand train : serai-je réduit à attendre le mois d'octobre pour chasser les alouettes au miroir où je croyais pouvoir découpler mes chiens courants?

Non certes, et il y aurait une injustice flagrante à payer chaque année une somme dont la représentation était dans les plaisirs qu'on me promettait, mais non dans ceux que j'ai trouvés.

Le fait s'est déjà présenté à notre connaissance plusieurs fois, mais nous ne croyons pas qu'il ait été soumis à l'appréciation des tribunaux. Les parties ont transigé. On a abandonné les prétentions réciproques.

Ce n'est pas, selon nous, le cas d'une simple résiliation, et nous pensons que le locataire a droit à des dommages-intérêts. En matière de bail ordinaire, la question ne serait pas douteuse, la loi édicte des dommages-intérêts contre tout bailleur qui rend la résiliation nécessaire. Pourquoi en serait-il autrement lorsqu'il s'agit de chasses? L'engagement n'est-il pas le même? Le locataire ne fait-il pas des frais d'aménagement dont il doit lui être tenu compte? Enfin, s'il avait été averti de ce qui est arrivé, n'aurait-il pas loué une autre chasse que peut-être il ne retrouvera plus dans les mêmes conditions? Tout ceci doit montrer aux propriétaires qu'ils ne prennent pas un engagement qui ne les lie pas, comme beaucoup paraissent le croire.

Disons donc, après la réserve que nous avons faite en ce qui touche les terres arables, que la résiliation pourra être prononcée avec des dommages-intérêts en faveur du locataire non seulement quand la modification apportée à l'état du sol aura été complète, mais encore lorsqu'elle aura été suffisante pour apporter des entraves sérieuses à l'exercice d'un droit que l'on a payé et que, dans aucun cas, on ne peut se voir retirer.

C'est ainsi que, sous la présidence de M. Bernard, le tribunal de Corbeil a jugé, le 12 juin 1884, que le propriétaire de bois ne pouvait, au mépris des droits de son locataire de chasse, concéder à un tiers dans ces mêmes bois le droit d'exploiter des carrières et d'y créer des voies de transport.

Dans ce cas il diminue la jouissance de son locataire de chasse et il lui doit des dommages-intérêts. (*Le Droit*, décembre 1884.)

Nous arrivons maintenant à une question des plus simples et cependant des moins comprises : celle du droit de suite. Elle sort un peu du cadre de notre travail, et, pour la rattacher aux locations de chasse, nous sommes forcé de nous demander si le fait de louer une propriété donne le droit de suite sur la propriété voisine.

On a tant disserté sur cette matière, tant de personnes l'ont traitée en chasseurs plutôt qu'en juristes, que nous croyons utile d'y revenir. L'an passé, dans les colonnes de *la Chasse illustrée*, nous avons vu se produire une polémique assez vive relativement au droit de suite. Nous nous sommes réservé de n'intervenir que plus tard.

En un pareil sujet le plus mauvais juge est le chasseur. S'il est le propriétaire des chiens qui sont entrés chez le voisin, s'il les a appuyés de la trompe ou de la voix, s'il a réellement chassé pendant une ou deux heures sur le terrain d'autrui pour ramener chez lui la bête de chasse, et que vous paraissiez contester la légalité de ses actes, il vous dira avec indignation : « Est-ce que j'ai attaqué chez le voisin? Est-ce que j'y ai tué du gibier? Comment! il ne m'est pas permis de suivre mes chiens, et, parce qu'ils quittent un instant mon bois, il faut que je les force à sortir de la piste? Mais alors la chasse n'est plus possible! »

Le même propriétaire se prépare à chasser le lendemain ou le jour même; il a connaissance de gibier rare dans ses bois; ses meilleurs amis ont été convoqués; il entend au milieu de sa forêt une série de *bien-aller* et les voix déplaisantes des chiens du voisin : alors le droit de suite s'évanouit, il serait contraire à la liberté, il violerait l'inébranlable principe de la propriété. Vous verrez ce même homme, qui tolérait si facilement quinze jours auparavant les écarts de sa propre meute, se montrer impitoyable pour celle du voisin.

Il fallait prendre un juste milieu, et c'est ce que le législateur a fait. Il a refusé le droit de suite de la manière la plus formelle, et nous ne nous lasserons pas de répéter : *le droit de suite n'existe pas*. Le droit de suite ne peut pas exister, parce que depuis 1789 les servitudes personnelles sont abolies; il n'existe pas, parce que chacun est maître chez soi, et que, si l'on fait des distinctions, il n'y a pas de raison pour s'arrêter. Qu'on permette au propriétaire de cinq mille hectares de suivre son gibier sur une propriété de cent hectares, et nous ne voyons pas pourquoi on refuserait le même

4.

droit à celui qui n'aurait que dix arpents. Il n'y a pas de petits droits : la loi est la même pour tous. D'où il résulte que celui qui pratiquerait ce qu'il croit être le droit de suite commettrait un délit.

Mais, si le simple fait du passage des chiens sur la propriété d'autrui était délictueux, la chasse aux chiens courants deviendrait impossible. On a donc inséré cette phrase dans l'article 11 de la loi de 1844 : « Pourra ne pas être considéré comme délit de chasse le fait du passage des chiens sur l'héritage d'autrui, lorsque ces chiens seront à la suite d'un gibier lancé sur la propriété de leurs maîtres, sauf l'action civile, s'il y a lieu, en cas de dommage. » En présence d'un texte aussi clair, nous ne comprenons pas ces longues controverses auxquelles nous avons assisté. Reprenons donc pour les commenter chacun des termes de la loi.

Pourra n'être pas considéré comme délit. Cela veut dire évidemment qu'en thèse générale, il y a là un délit, délit excusable suivant les circonstances. Mais quelles sont ces circonstances qui détermineront la conscience du juge ? La loi n'en impose qu'une : il faut que les chiens chassent un gibier lancé sur la propriété de leurs maîtres ; quant aux autres, elles sont laissées à l'appréciation du juge. Le tribunal ne perdra pas de vue qu'il doit statuer en matière d'exception : en principe, par cela seul qu'il se trouve en présence d'un homme dont les chiens courants ont chassé sur la propriété d'autrui, il a devant lui un présumé délinquant. L'interrogatoire et les témoignages rendront peut-être le fait excusable : il est de jurisprudence constante d'excuser le simple passage sur la propriété d'autrui, et nous espérons que cette jurisprudence ne se modifiera pas.

Le fait du passage des chiens sur l'héritage d'autrui.
Faut-il donner à ces mots une interprétation restrictive?
Doit-on dire que, si les chiens stationnent sur la propriété du voisin, si leur maître va les chercher, il y aura délit de chasse?

Non certainement, et ce que nous devons rechercher, c'est l'esprit de la loi, qu'on ne peut pas appliquer judaïquement. Ce que le législateur a voulu empêcher, c'est qu'une fois l'animal lancé, on le suivît partout sans s'occuper du lieu où il se trouvait, ou même qu'on laissât les chiens le chasser tranquillement en attendant le retour au lancer.

Mais le fait d'aller rallier sur le terrain d'autrui des chiens qui chassent ou qui ont perdu la voie, le fait de les appeler même à son de trompe n'est pas délictueux, puisqu'il a pour but d'empêcher un délit.

Assurément il se présentera dans la pratique de très grandes difficultés. Le piqueur qui est entré chez le voisin à la suite de ses chiens les a-t-il rappelés à son de trompe, ou les a-t-il excités par un bien-aller? C'est une question de fait que les témoignages éclairciront. Les sonneries ne sont pas les mêmes pour tous les équipages, et souvent il est bien difficile pour un étranger d'indiquer ce que le piqueur a dit à ses chiens à l'aide de sa trompe : les juges feront donc bien de se pénétrer de toutes les autres circonstances.

Lorsque ces chiens seront à la poursuite d'un gibier lancé sur la propriété de leurs maîtres. Il ressort de cette phrase que le fait d'attaquer chez le voisin n'est jamais excusable. Bien souvent il arrive qu'en gagnant le rendez-vous de chasse on laisse errer deux ou trois chiens mal couplés, souvent même libres de toute entrave : ils entrent dans le bois du voisin ; on n'y prend pas garde, et quelques minutes après on les entend lancer un gibier. C'est un délit. Le propriétaire des chiens trouvera peut-être cela exorbitant ; nous, nous répondrons que pour juger il se mette un instant à la place du propriétaire voisin qui a projeté une partie de chasse et qui attend ses invités.

Sauf l'action civile qui a lieu en cas de dommage. Ce membre de phrase était absolument inutile : de ce qu'un fait n'est pas délictueux, il n'en résulte pas qu'il ne puisse donner lieu à des réparations civiles. L'article 1382 du Code civil porte que tout fait de l'homme qui cause à autrui un dommage oblige celui par la faute duquel il est arrivé à le réparer. Mais quelle sera l'étendue du dommage ? Ce sera bien difficile à déterminer. Les chiens ne nuiront pas au bois, ils ne peuvent gêner que le gibier. M'accordera-t-on des dommages-intérêts parce que les chiens de mon voisin en passant chez moi ont fait fuir des animaux que je me préparais à chasser ? C'est probable, mais la base même de ces dommages-intérêts prêtera beaucoup à la discussion. On me répondra que je ne puis avoir de droit que sur le gibier que j'ai tué, et qu'enfin je courais le risque de ne rien tuer du tout. La Cour de cassation ne s'est prononcée qu'une fois sur cette question : le 26 mai 1852.

Non seulement le droit de suite n'existe pas, mais le maître des chiens n'a pas le droit de les laisser continuer leur course sur la piste de la bête de chasse en attendant leur retour sur sa propriété. Ce fait se pratique cependant presque partout, mais à titre de bon voisinage ; il n'est pas légal. La jurisprudence est constante, nous pourrions citer vingt arrêts d'espèces différentes. Tous affirment le même principe.

Reprenons maintenant les droits que confère la location de chasse. Le fait de chasser les poissons au fusil est-il compris dans la location de chasse? La majorité des auteurs se prononcent pour la négative, et avec raison, car, s'il est vrai de dire que la chasse est la poursuite des animaux sauvages, on n'entend parler que des animaux qui vivent sur la terre ou dans l'air.

Mais, comme conséquence de ce que nous avançons, nous décidons, contrairement à l'opinion de la Cour d'Aix, qu'il y a chasse de la part de celui qui prend des canards sauvages à l'aide de filets dans un étang. Le pêcheur n'a pas plus droit aux canards sauvages que le chasseur n'a droit aux carpes ou aux brochets.

Où la question devient plus difficile, c'est lorsqu'il s'agit d'animaux amphibies comme la loutre. Ici les controverses reprennent leur cours. Les uns disent que le pêcheur a un droit exclusif à la loutre, qui vit de poisson; les autres l'abandonnent au chasseur, et ils se fondent sur ce que cet animal vit plus à terre que dans l'eau. Nous pensons que le pêcheur et le chasseur ont des droits égaux : en ce qui touche le chasseur, son droit est incontestable, et, quant au pêcheur, il peut, comme tout propriétaire ou fermier, repousser même à l'aide du fusil les animaux malfaisants quand le dommage est imminent : avec la loutre, animal vorace par excellence, le danger est de tous les instants.

Il nous reste maintenant à interpréter le § 3 de l'article 9 de la loi de 1844. Il est ainsi conçu :

Les préfets des départements, sur l'avis des conseils généraux, prendront des arrêtés pour déterminer : 1°. . .;

2º...; 3º *les espèces d'animaux malfaisants ou nuisibles que le propriétaire, possesseur ou fermier pourra en tout temps détruire sur ses terres, et les conditions de l'exercice de ce droit, sans préjudice du droit appartenant au propriétaire ou au fermier de repousser ou de détruire, même avec des armes à feu, les bêtes fauves qui porteraient dommage à ses propriétés.*

Ce texte, qui paraît bien clair, a cependant donné lieu à de nombreuses controverses. Nous ne les examinerons pas ici : elles sortent du cadre de notre travail; mais nous devons rechercher quelle est la condition faite par cet article de loi au simple locataire de chasse.

Nous ferons remarquer d'abord qu'il y a deux droits différents énoncés dans une seule phrase : celui de détruire en tout temps, sur ses terres, les animaux classés par le préfet; celui de repousser, même avec des armes à feu, les bêtes fauves qui causent un dommage à la propriété. Ces droits sont, l'un et l'autre, accordés au propriétaire et au fermier, ou au possesseur, bien que ce mot de *possesseur* ne soit pas répété dans le second membre de phrase. Le locataire de chasse doit-il, dans les deux cas, être assimilé au propriétaire, fermier ou possesseur? Ne peut-il, au contraire, chasser qu'en vertu d'une délégation de ces derniers?

De nombreux jugements et arrêts reconnaissent que ce droit n'est pas personnel, que les propriétaires, possesseurs ou fermiers, peuvent le déléguer, de même qu'ils peuvent se faire aider pour la destruction des animaux nuisibles. Nulle difficulté sur ce point. Mais cette délégation est-elle nécessaire au locataire de chasse? Ne tire-t-il pas son droit de sa propre qualité?

Nous pensons qu'il n'a besoin d'aucune délégation

pour détruire les animaux malfaisants et nuisibles, ou même le fauve.

Suffit-il donc, en effet, d'un seul mot du propriétaire, du fermier ou du possesseur, qui n'ont pas eux-mêmes le droit de chasse, puisqu'il y a un locataire, pour faire ordonner ou discontinuer des poursuites en police correctionnelle?

D'ailleurs, les animaux malfaisants et nuisibles sont déterminés par les arrêtés préfectoraux. Les préfets renouvellent ou modifient souvent leurs arrêtés. Les animaux deviennent malfaisants ou nuisibles, et sont classés comme tels, le plus souvent à cause de leur nombre, sans quoi la liste eût été arrêtée d'une manière définitive. Ne voit-on pas classer ainsi très souvent le gibier qui fait le principal attrait de la chasse?

Les lapins sont le plus souvent considérés comme animaux malfaisants et nuisibles. S'ils commettent des dégâts, à qui s'adressera-t-on? Au locataire de la chasse, c'est lui qui en est responsable. Dans la seconde partie du texte que nous commentons, il ne s'agit plus du classement des animaux malfaisants ou nuisibles : c'est le droit de légitime défense qui est affirmé.

Nous ne nous étendrons pas sur ce sujet, que nous avons traité dans notre ouvrage des *Procès de chasse*. L'esprit de la loi, sinon le texte, lui est favorable

Les animaux malfaisants portent, dit-on, préjudice au propriétaire et au fermier cultivateur; ce qu'on est convenu d'appeler le fauve, en jurisprudence, peut leur causer de sérieux dommages. — C'est pour cela que la loi a donné au propriétaire et au fermier cultivateur le droit de les détruire.

Le raisonnement est vrai; mais le locataire de la

chasse souffre, lui aussi, de la présence de ces animaux; il est responsable des dommages qu'ils causent, et nous ne devons pas perdre de vue qu'ils sont le plus souvent le gibier en vue duquel il a pris la chasse.

Enfin, si ces animaux nuisent réellement, et s'ils présentent un danger imminent, pourquoi apporter des restrictions au droit de les détruire. Qu'on ne le permette pas à tout le monde, cela se conçoit, parce qu'il ne faut pas autoriser le premier venu à pénétrer sur la propriété de son voisin, sous prétexte de le débarrasser des animaux nuisibles; mais qu'on ne le permette pas au locataire de la chasse en dehors même de toute délégation du propriétaire ou du fermier cultivateur, nous ne le comprendrions pas.

La jurisprudence est bien hésitante sur tous ces points. Le 9 février 1884, le tribunal de Bourgoin a décidé que les lapins ne peuvent être assimilés aux bêtes fauves et qu'on devait, pour les détruire, observer les arrêtés préfectoraux.

Mais quand les arrêtés préfectoraux les ont classés parmi les animaux nuisibles, la Cour de Douai en autorise la destruction partout, même la nuit à l'aide d'armes à feu (arrêt du 22 mars 1886).

Le tribunal de Compiègne a jugé, le 18 mai 1886, qu'on ne pouvait les détruire à l'aide de collets sur un terrain clos attenant à une maison d'habitation.

Nous examinerons, dans le chapitre suivant, jusqu'à quel point les fermiers cultivateurs ont le droit de détruire le fauve ou les animaux nuisibles.

III.

Devoirs du locataire, et par contre droits du propriétaire.

Paiement du PRIX. — Époques. — L'année doit-elle s'entendre de l'année de chasse, ou des trois cent soixante-cinq jours ?

. Cas de non-jouissance par force majeure. — Principes généraux : espèces où le prix n'est pas dû ; — *id.* où le prix doit être réduit.

Inondations, — marais desséchés, — guerre, — insurrection, — mesures de police interdisant ou réduisant considérablement les périodes de chasse.

Respect de la PROPRIÉTÉ. — Dommages causés par le gibier.

Peut-on laisser le gibier se multiplier à l'infini ?

Respect de la CULTURE.

Le locataire est-il autorisé implicitement à chasser dans les emblaves, dans les vignes, les luzernes, etc. ?

Qui peut l'en empêcher ? Le *fermier* ou le *propriétaire ?*

Il ne peut être poursuivi de ce chef qu'en *justice de paix,* et doit être traité moins rigoureusement qu'un étranger qui, sans droit et sans but, traverserait les mêmes champs.

Délimitation exacte de son droit par la jurisprudence.

Les fermiers peuvent-ils, sous prétexte de protéger leur culture, détruire les animaux sauvages ?

Bien qu'en principe le paiement du prix soit dans les baux une condition classée comme accessoire, nous devons reconnaître que c'est la principale obligation du locataire.

Tous les articles du Code civil qui ont trait au paiement des prix de location sont applicables en matière de chasse; nous nous reporterons donc sur ce point aux règles générales du louage. Le prix est exigible aux époques indiquées dans le contrat. S'il n'est pas payé régulièrement, le propriétaire pourra demander la résiliation du bail. C'est ici qu'il est important d'avoir pour titre un acte notarié. En vertu de la grosse d'un acte authentique, on peut exécuter; si l'acte est fait sous seing privé, il n'a pas force exécutoire en lui-même. Le propriétaire, pour assurer le paiement par voie d'exécution forcée, sera contraint d'agir judiciairement.

L'époque et le lieu du paiement dépendent des conventions : le plus souvent le prix est payable en une seule fois, soit à l'ouverture, soit à la clôture de la chasse.

Il est bon de ne laisser aucune indication vague, et de préciser au contraire les échéances : des difficultés peuvent naître sans qu'on s'y attende. Prenons pour exemple l'année 1870 : il est dit dans l'acte de location que le prix sera payable, chaque année, le jour de l'ouverture de la chasse; par suite de circonstances aussi malheureuses qu'imprévues, l'autorité administrative ne fixe aucune date pour l'ouverture : en droit strict, le locataire pouvait prétendre qu'il n'était pas débiteur. Le mieux est, dans tous les cas, d'indiquer un jour certain.

Mais comment compterons-nous le temps en matière de chasse? L'année ne comprend-elle, à proprement parler, que le temps qui s'écoule entre l'ouverture et la clôture? Doit-elle s'entendre au contraire des trois cent soixante-cinq jours?

La question que nous posons n'est pas absolument théorique, et nous l'avons vue soulevée dans un cas particulier où elle présentait un véritable intérêt.

Le propriétaire d'un château cherchait à louer son domaine, dont la chasse était le plus grand attrait. Depuis longtemps aucun amateur ne se présentait pour louer le château : il se contenta de louer la chasse fort cher, en insérant dans le bail cette clause formelle que, dans le cas où un locataire se présenterait pour le château, le bail de chasse serait résilié de plein droit quinze jours après une signification, mais qu'il serait tenu compte au locataire chasseur du temps pendant lequel, jusqu'à l'expiration de l'année courante, il serait privé de jouissance. La chasse a été ouverte le 1ᵉʳ septembre et fermée le 1ᵉʳ février ; le château est loué le 15 février, le propriétaire peut-il dire à son ancien locataire : « Vous avez usé de l'intégralité de votre droit, aujour-« d'hui vous n'avez plus rien à espérer, je reprends ma « chasse, mais vous me payerez la totalité du prix ? »

Cette prétention a été formulée au moins une fois à notre connaissance, mais elle n'a pas été soumise aux tribunaux.

Nous ne la croyons pas sérieuse. L'année comprend les trois cent soixante-cinq jours. Peut-il, en effet, dépendre de l'administration que le locataire paye un prix plus ou moins élevé ?

Le locataire, empêché de chasser par l'arrêté préfectoral fixant la clôture, n'a-t-il pas encore des droits éventuels à chasser les oiseaux d'eau ou de passage, à détruire les animaux malfaisants ou nuisibles ?

L'année de chasse, en réalité, n'existe pas, puisque les époques d'ouverture et de clôture ne sont pas fixes : les préfets peuvent, à leur gré, ouvrir ou fermer la chasse plusieurs fois dans une seule et même année. Disons donc que, dans l'hypothèse que nous avons citée, le propriétaire devait déduire du prix total une partie proportionnée à la privation de jouissance nominale plutôt que réelle.

Qu'est-ce, en réalité, que le prix de la location? La représentation plus ou moins exacte des produits utiles ou voluptuaires de la chose louée ; en un mot, c'est le payement de la jouissance. Il s'ensuit que, si par une circonstance indépendante de la volonté du preneur la jouissance est devenue impossible, le prix ne sera pas dû. Ce principe, qui est une des règles générales du louage, s'applique en matière de chasse.

Mais la privation de jouissance peut résulter de bien des circonstances : elle peut être partielle ou totale.

Si elle résulte d'un cas fortuit, le locataire est dans tous les cas dispensé de payer son prix.

C'est ainsi qu'en 1870 personne n'avait pu prévoir nos désastres. Quand l'ennemi entra en France, la chasse était ouverte dans plusieurs départements, elle fut aussitôt interdite. Les locataires des forêts de l'État ou des propriétés privées ne purent chasser de septembre à mars. Les propriétaires, pour la plupart, soutenaient que le prix était dû, et ils raisonnaient en assimilant le décret du gouvernement qui interdisait la chasse d'une manière absolue aux arrêtés préfectoraux qui fixent la clôture.

« Chaque année, disaient-ils, on ouvre ou on ferme la chasse à des époques différentes de celles des années précédentes, et ce n'est pas une raison pour modifier le prix et les conditions de la location. Les arrêtés préfectoraux sont toujours inspirés par une raison quelconque : on hâte ou on retarde la clôture pour un motif ou pour un autre : cette année, c'est la guerre qui a motivé le retard dans l'arrêté d'ouverture de la chasse. »

Subsidiairement, ils prétendaient qu'on ne pouvait assimiler les baux de chasse aux baux ordinaires, que le propriétaire ne prenait aucun engagement de faire jouir le locataire chasseur.

Cette théorie a été unanimement rejetée par tous les tribunaux auxquels elle a été soumise. On a toujours décidé que la privation de jouissance par force majeure dispensait le locataire de la chasse, comme le fermier ordinaire, du payement du prix. Si la privation de jouissance a duré toute l'année, aucune partie du prix n'est due. Si elle n'a duré que quelques mois, les tribunaux fixent la redevance.

Bien plus, la force majeure rentre dans les cas imprévus. Elle donne lieu à diminution du prix, alors même qu'il a été dit au contrat qu'en aucun cas le prix ne pourrait être diminué, et que le bailleur ne prenait pas l'engagement de faire jouir le preneur.

De nombreux jugements ont été rendus en ce sens. Nous en citerons un du tribunal de Douai, du 20 décembre 1871, un autre du tribunal de Lyon, du 31 janvier 1872. La Cour de Paris a également consacré cette doctrine. On ne peut citer en sens contraire qu'un arrêt de la deuxième chambre.

Mais quels sont les cas de force majeure ? Tout événement fortuit et imprévu qui aura pour conséquence la privation de jouissance : l'invasion, l'incendie, les inondations, etc. Gardons-nous cependant de tomber dans l'exagération, et de dire que quelques hectares incendiés dans une forêt ou quelques champs submergés donneront ouverture à une action en réduction de prix de la part du locataire de chasse. *De minimis non curat prætor*. Nous voulons seulement parler des incendies qui dévoreraient la totalité ou une partie considérable de la forêt, ou de l'inondation qui rendrait la chasse impossible pendant la plus grande partie de la saison.

Mais que décider dans le cas où un marais giboyeux est desséché?

S'il y a là l'effet d'une saison plus ou moins chaude, le locataire de la chasse n'a aucune récrimination à faire entendre. Ce n'est pas un cas de force majeure, une de ces situations absolument inattendues et anormales, auxquelles la loi se réfère.

Si le marais est desséché par les soins du propriétaire, dans le but d'exploiter des terres que l'on n'avait pas encore cultivées, nous rentrons dans un des cas de modification de culture dont nous avons parlé au chapitre précédent. Non seulement le locataire aura droit à demander la diminution de son prix, mais il pourra exiger la résiliation du bail et requérir l'allocation de dommages-intérêts.

Le payement du prix de location n'est pas la seule obligation du locataire. S'il n'a aucun droit sur le gibier, *res nullius*, il en a pris la garde : il est responsable à l'égard des propriétaires riverains des dommages que le gibier peut causer à leurs champs.

Il faut en effet que le préjudice qui peut avoir été causé soit réparé par quelqu'un. On ne saurait imposer cette charge au propriétaire qui s'est dessaisi de ses droits en faveur du locataire : c'est donc ce dernier seul qui est responsable. Mais comme les riverains ne sont pas tenus de connaître les actes de location ou de sous-location intervenus entre des personnes qui leur sont étrangères, ils doivent actionner le propriétaire du sol.

Ce dernier est toujours responsable vis-à-vis d'eux. Il serait étrange, en outre, d'admettre qu'en transportant ses droits à un insolvable, il exposât son voisin à n'obtenir aucune réparation.

Si le locataire de la chasse consent à accepter le débat seul, et si le riverain trouve chez lui des garanties de solvabilité suffisantes, on simplifiera la procédure, déjà beaucoup trop coûteuse, en mettant une personne hors de cause, le propriétaire. Mais c'est là l'effet d'un compromis.

La marche régulière est celle-ci : le riverain assigne le propriétaire, et ce dernier appelle son locataire en garantie. S'il y a des sous-locataires, ils sont mis en cause par le locataire.

Les procès de cette nature sont si nombreux, ils intéressent à un si haut point les chasseurs, et ont souvent pour résultat des condamnations si élevées, que nous devons nous étendre plus longuement sur ce sujet que sur aucun autre.

Beaucoup d'auteurs ont traité les questions que nous allons soulever. Ceux de nos lecteurs qui désirent approfondir les points de droit pourront se reporter au savant ouvrage de M. Sorel.

La jurisprudence s'est nettement dessinée depuis quelques années. Elle s'est d'abord montrée très favorable aux fermiers voisins des chasses giboyeuses. Mais les tribunaux, les cours d'appel et la Cour de cassation ont compris qu'il y avait souvent là une exploitation, et que, sous prétexte de se faire indemniser d'un prétendu préjudice, les fermiers, la plupart du temps, arrivaient à se faire payer deux fois plus que la valeur de leurs récoltes.

Longtemps les tribunaux, prenant en commisération les infortunés riverains qui se plaignaient des dégâts dont ils se prétendaient victimes, ont accueilli favorablement leurs doléances. La jurisprudence a traité rigoureusement les propriétaires de bois. Mais on s'est aperçu enfin que les demandes étaient exagérées et que les chasses devenaient des sources de produit pour ceux auxquels on croyait qu'elles portaient préjudice.

Nous allons citer les arrêts et jugements récemment intervenus qui nous paraissent rompre avec les anciens errements et créer un nouvel état de choses. Mais auparavant nous devons tracer les *principes* juridiques qui servent de base à toutes les décisions.

L'article 1385 du Code civil est ainsi conçu : « Le pro-
« priétaire d'un animal ou celui qui s'en sert, pendant
« qu'il est à son usage, est responsable du dommage
« que l'animal a causé, soit que l'animal fût sous sa
« garde, soit qu'il fût égaré ou échappé. »

Si le gibier appartenait au propriétaire du sol sur lequel il se nourrit et où il trouve un refuge, l'article 1385 serait évidemment applicable, et bien des difficultés seraient évitées, car il ne s'agirait plus que d'expertiser les dommages causés par les lapins du propriétaire de bois. — Nous parlons des lapins, parce qu'en général ce sont les dégâts causés par les lapins qui donnent lieu aux réclamations. Nous verrons ultérieurement quels autres animaux sauvages engageront la responsabilité des propriétaires des bois où ils se trouvent.

Mais l'article 1385 n'est pas applicable, car le gibier n'appartient à personne, il est la chose du premier occupant en quelque endroit qu'il ait été tué.

Cette théorie nous conduit à déclarer en principe que le propriétaire de bois n'est jamais responsable des dommages causés par le gibier. Si les lapins de ma forêt dévastent le champ du voisin, et si le voisin établit que ces lapins, qu'il appelle d'une manière peu juridique *mes* lapins, ont anéanti toutes ses récoltes, il n'aura rien prouvé contre moi et ne saurait me réclamer aucune indemnité. Je puis toujours lui répondre : « Je ne suis pas propriétaire de ces animaux comme je le suis de mon chien et de mon cheval; mettez-vous en garde et prenez vous-même des mesures pour vous garantir. »

Mais le malheureux comprendrait peut-être cet excellent argument de droit s'il pouvait venir sur mon terrain se faire justice à lui-même et exterminer ses ennemis. Il est retenu par la loi de 1844, loi de police qui interdit de chasser sur la propriété d'autrui.

Doit-il souffrir sans se plaindre? Il doit souffrir un dommage normal, une espèce de servitude naturelle résultant de la situation des lieux; mais il ne faut pas aller jusqu'à dire qu'il ne trouvera dans la loi aucune protection.

Deux articles du Code sont sa garantie, et ce sont les deux articles les plus fréquemment visés dans les jugements : 1382 et 1383.

En voici le texte :

« Art. 1382. — Tout fait quelconque de l'homme qui cause à autrui un dommage oblige celui par la faute duquel il est arrivé à le réparer.

5.

« Art. 1383. — Chacun est responsable du dommage qu'il a causé non seulement par son fait, mais encore par sa négligence ou par son imprudence. »

Si nous n'avions à citer que le premier de ces deux articles, rarement la responsabilité du chasseur serait engagée. Il faudrait, en effet, pour cela, un fait positif, comme l'élevage du gibier, la création de terriers artificiels, l'alimentation factice des animaux sauvages. Or les animaux que l'on élève avec tant de soins, que l'on fait venir de l'étranger, dont on favorise artificiellement la reproduction, sont ceux qui ne causent à autrui aucun dommage, et dont le voisin profite sans en souffrir. Nous ne savons pas qu'aucun fermier ait demandé des dommages-intérêts pour dégâts causés par les perdrix ou les faisans.

Les riverains des forêts pourront donc rarement recourir à l'article 1382. Mais l'article 1383 est beaucoup plus vague, il peut donner matière à toutes les interprétations ; son élasticité est très souvent mise à profit par les plaignants. La négligence et l'imprudence peuvent résulter de bien des circonstances.

Il y a négligence et imprudence dans les faits négatifs : dans l'abstention de la chasse principalement et dans le fait de laisser certaines parties de la forêt envahies par une végétation utile seulement à la multiplication du gibier.

Mais prenons garde d'aller trop loin. Nous avons vu qu'en principe, le fait seul d'un dommage causé, aussi grand qu'il soit, ne constituait pas en faute le propriétaire ou le locataire de la chasse. Pour éviter une servitude au riverain de la forêt, n'en créons pas une contre le chasseur.

Si c'est un devoir de chasser les animaux sauvages chez soi, ce n'est pas un devoir de les chasser jusqu'à l'extermination du dernier. On ne peut imposer au chasseur des battues trop onéreuses ou trop fréquentes. S'il justifie avoir chassé d'une manière normale, avoir fait des destructions sérieuses, il ne sera pas responsable pour cela seul qu'il n'aura pas donné à d'autres, fussent-ils des riverains intéressés, l'autorisation de chasser chez lui. Ce serait incontestablement abusif, et l'on sortirait d'un mal pour tomber dans un pire.

Qu'il soit incontestable que des chasses fréquentes et sérieuses ont eu lieu, et de ce chef aucune réclamation n'est possible de la part du fermier voisin. Le chasseur n'est pas un serviteur de ce dernier, ayant mission de le garantir de tout trouble.

La négligence peut résulter, disions-nous, de l'état dans lequel le propriétaire chasseur laisse sa forêt. Oui, mais ici encore nous devons apporter les plus grandes restrictions. Si le propriétaire de bois ne doit pas laisser croître et multiplier les ronces, épines, fourrés inutiles, gênants même pour le bois, dans le but d'attirer le gibier et d'empêcher sa destruction, il n'est pas forcé non plus d'aménager son bois à grands frais, dans l'intérêt d'un voisin avec lequel il n'a, en réalité, aucun lien de droit.

Et cela sera facilement compris par tous ceux qui ont vu des forêts dont le sol, médiocre pour l'alimentation des arbres, paraît avoir donné toutes ses forces et toute sa vigueur aux bruyères, qui y poussent d'une façon plus luxuriante peut-être que si elles avaient été plantées et semées par la main de l'homme. Dans ces bois, pour arracher les bruyères, il faudrait entreprendre des défrichements généraux, renoncer à la forêt elle-même. Doit-on en venir là pour donner satisfaction aux riverains ? Non, certes : ceux-ci pourront peut-être se plaindre des circonstances fâcheuses d'un malheureux hasard. Le *dommage normal* sera plus lourd pour eux que pour d'autres, soit, mais il n'en sera pas moins le dommage normal.

Prenant cela en considération, s'ils sont propriétaires, ils ont acheté moins cher. S'ils sont fermiers, ils payent un fermage moins élevé.

Toutes les théories que nous pourrions développer ne pourraient que venir à l'appui de la jurisprudence.

Il est inutile d'entrer dans de longs détails, et d'énumérer toutes les décisions judiciaires rendues depuis quelques années. Nous ferons donc connaître seulement les plus importantes.

Nous avons dit que la Cour de cassation avait dû mettre un frein aux demandes exagérées des riverains, et qu'elle avait enfin compris qu'il fallait faire cesser la spéculation.

L'arrêt qu'elle a rendu le 11 août 1874 (Dalloz, 1876, I, 30) a fait une véritable révolution dans le monde des chasses. Mais cet arrêt n'a reçu jusqu'ici qu'une demi-publicité ; on l'a analysé sans le reproduire intégralement, et on n'en a parlé que longtemps après qu'il a été rendu ; aussi certains journaux sont-ils allés jusqu'à révoquer en doute son existence. — Il existe cependant, et voici le texte :

« La Cour ; — Vu les articles 1382 et 1383 du Code « civil ;

« Attendu que le propriétaire d'un bois autre qu'une « garenne, n'ayant ni la propriété, ni la possession, ni « la garde du gibier qui s'y rassemble, n'est pas de

« plein droit responsable des dégâts causés par les la-
« pins sortis de ce bois ; que sa responsabilité ne peut
« dériver que d'une faute, d'une négligence ou d'une
« imprudeuce par lui commises, et que celui qui les lui
« impute est tenu d'en rapporter la preuve ;

« Attendu que, dans l'espèce, d'Eichtal articulait et
« offrait de prouver des faits de nature à établir non
« seulement qu'il n'avait pas favorisé la conservation et
« l'accroissement du nombre des lapins séjournant dans
« la forêt de Crecy, mais qu'il avait employé tous les
« moyens usités en pareil cas pour en provoquer et en
« amener la destruction ;

« Attendu que le jugement dénommé, après avoir
« constaté, en fait, que les dégâts éprouvés par G...
« ont été causés en partie par des lapins sortis de la
« forêt de Crecy, ne relève et ne précise à la charge
« d'Eichtal aucun fait constituant faute, imprudence ou
« négligence ;

« Qu'il pose en principe que d'Eichtal, pour se sous-
« traire à l'action récursoire de G..., est tenu de prou-
« ver qu'il a accompli tout ce qu'il lui était possible de
« faire dans ses bois, afin d'assurer la destruction du
« gibier nuisible aux héritages voisins, et que cette
« preuve, il ne l'a pas faite ;

« Attendu que le jugement dénommé place ainsi
« d'Eichtal sous une présomption de faute, lui impose
« une responsabilité de plein droit, et met à la charge
« du défendeur une preuve dont l'obligation incombe
« au demandeur ;

« Attendu que, d'autre part, il repousse l'articulation
« proposée par d'Eichtal comme non concluante, parce
« que d'Eichtal aurait apporté certaines restrictions à la

« destruction des lapins, ainsi qu'aux primes et récom-
« penses par lui promises à ceux qui les détruiraient,
« mais qu'il n'indique aucunement en quoi consistent
« ces restrictions, leur caractère, leur portée, de telle
« sorte qu'il est impossible d'apprécier en droit la va-
« leur du motif qui a déterminé la décision;

« En quoi le jugement dénommé a faussement ap-
« pliqué et conséquemment violé les dispositions de la
« loi ci-dessus visée, casse le jugement. »

Cet arrêt très important avait été précédé, et pour
ainsi dire pressenti en 1873, par le tribunal de Rambouillet.

M. Evrard, locataire de la chasse de bois dépendant
de la forêt de Rambouillet, assigné à la requête de plusieurs riverains, avait été condamné par le juge de paix
à payer 676 francs, somme fixée par les experts. — Il
fit appel, et le tribunal de Rambouillet, sous la présidence de M. de Mouy, rendit, le 4 avril 1873, un jugement dont nous extrayons les motifs suivants :

« Attendu qu'il faudrait prouver qu'Evrard a repeuplé
« lui-même et multiplié ou laissé multiplier abusive-
« ment le gibier;

« Que la jurisprudence de la Cour de cassation a déjà
« plusieurs fois fait justice de ces arguments employés
« depuis longtemps et qui consistent à dire que le seul
« fait du dégât prouve le dommage, et, par suite, en-
« traîne la responsabilité;

« Qu'il est constant que les terres qui avoisinent et
« bordent les forêts se vendent ou se louent moins cher
« en raison même de leur situation, qu'il n'y a donc pas
« lieu de considérer ces faits comme entraînant d'eux-
« mêmes la responsabilité civile;

« Que les bois contiennent du gibier qui se répartit
« selon leur grandeur et leur étendue, et qui est con-
« sidéré par les auteurs et la jurisprudence comme gi-
« bier *naturel ;*

« Qu'on ne peut tirer argument de ce que le proprié-
« taire des bois loue sa chasse, ou fait garder sa chasse,
« pour lui imposer en tout état de cause des dommages-
« intérêts, par cela seul qu'il possède des bois où se
« réfugie le gibier de la plaine, même mû par son ins-
« tinct naturel ;

« Attendu que, lorsque le gibier ne dépasse pas la
« quantité que les bois doivent contenir d'une manière
« normale, les riverains ne peuvent se prévaloir de cet
« état de choses pour en arriver à une spéculation ;

« Que les intimés ont été mis en demeure par des
« placards et affiches, publiés dans les communes limi-
« trophes, d'assister aux battues et destructions qui ont
« été faites ; que s'ils ne se sont pas présentés, c'est
« qu'ils ne l'ont pas voulu ; qu'il n'a été détruit dans ces
« battues qu'une quantité peu considérable de lapins, ce
« qui prouve d'ailleurs leur petit nombre ;

« Qu'il est attesté par l'inspecteur des forêts de Ram-
« bouillet qu'il y avait si peu de lapins dans les bois
« d'Evrard, qu'il n'avait pas cru devoir en ordonner la
« destruction ;

« Que les expertises ont été faites d'une manière
« légère, que les experts n'ont pas rempli leur mission ;
« qu'il ne suffisait pas de dire qu'ils avaient remarqué
« des fréquentations de lapins ; qu'ils devaient s'assurer
« d'où provenaient ces lapins, où ils avaient leurs ter-
« riers, s'ils étaient nombreux et si les bois qui les ren-
« fermaient étaient eux-mêmes abîmés par la dent de

« ces rongeurs ; qu'ils n'ont rien constaté à cet égard
« qui pût donner naissance à la responsabilité civile ;

« Attendu que les intimés ont fait des demandes sin-
« gulièrement élevées, puisque, d'après les experts, favo-
« rables à leurs prétentions, il ne leur a été alloué que
« 676 francs au lieu de 4,500 francs qu'ils demandaient ;

« Que le dommage ne dépasse pas celui que doivent
« souffrir les terrains limitrophes des bois et forêts, eu
« égard à une étendue de 744 hectares ;

« Par ces motifs : décharge Evrard des condamna-
« tions prononcées contre lui, et condamne les intimés
« aux dépens. »

L'arrêt de la Cour de cassation, que nous avons cité,
était fait assurément pour confirmer le tribunal de Rambouillet dans sa jurisprudence : aussi vient-il de se prononcer en faveur de M. Monneau contre M. Jumentier,
le 10 mars 1874, le 12 mars 1875.

Voici le jugement, moins explicite, mais non moins
topique que le précédent :

« Attendu qu'il appert des documents de la cause et
« notamment des procès-verbaux de constat, que le
« nombre des lapins existant à cette époque de l'année
« dans les bois du sieur Monneau n'était pas excessif,
« eu égard à l'importance des surfaces de bois dans les-
« quelles leur présence a été constatée ;

« Que, d'autre part, non seulement tous les riverains
« avaient été conviés à ces destructions par affiches,
« mais encore qu'il y était procédé à l'aide de rabat-
« teurs, chiens et furets ;

« Qu'en outre les terriers ont été défoncés par des
« ouvriers à la solde de Monneau, et les genêts coupés
« par soixante-deux permissionnaires ;

« Que, d'autre part, aucun fait tendant à la conser-
« vation et à la multiplication du gibier n'est établi à
« la charge de Monneau ;

« Que, dès lors, sans même avoir recours aux cons-
« tatations de l'expertise, qui confirment, du reste, les
« énonciations ci-dessus, il ressort de ces faits que Mon-
« neau a rempli vis-à-vis de Jumentier tous les devoirs
« de bon voisinage exigés par la nature et la situation
« des lieux dont il est propriétaire ;

« Par ces motifs, décharge Monneau des condamna-
« tions prononcées contre lui par le tribunal de justice
« de paix de Chevreuse ;

« Condamne Jumentier aux dépens. »

Le tribunal de Corbeil a rendu, en mai 1875, un
jugement mettant hors de cause un propriétaire de bois
qui avait fait des battues fréquentes, qui avait ordonné
la destruction des terriers et l'élagage des fourrés. Ces
faits étaient établis par une enquête, et cependant le
premier juge, dont la sentence a été infirmée, avait
constaté que les efforts du propriétaire étaient insuffi-
sants, et qu'il restait dans le bois de nombreuses parties
très fourrées et servant d'abri aux lapins.

Nous allons voir dans un jugement du tribunal de
Melun, rendu le 7 mai 1875, quels sont les faits qui
doivent être établis par l'enquête pour écarter toute
responsabilité.

Le tribunal :

« Attendu que les dommages-intérêts réclamés au
« défendeur sont fondés sur les articles 1382 et 1383
« du Code civil, c'est-à-dire soit sur la faute consistant
« à avoir attiré ou retenu les lapins qui ont endommagé
« les récoltes du demandeur, ou bien à en avoir favorisé

« la multiplication, soit sur la simple négligence, dont
« le sieur Civiale aurait fait preuve, en les laissant
« s'accumuler sans se livrer à leur destruction;

« Attendu qu'il résulte de l'enquête à laquelle il a été
« procédé que non seulement le sieur Civiale n'a com-
« mis aucune faute de la nature de celles ci-dessus spé-
« cifiées, mais encore que, loin de se montrer négli-
« gent, il a fait, au contraire, les efforts les plus
« sérieux pour arriver à l'anéantissement de ces ani-
« maux nuisibles;

« Qu'ainsi, dès que la chute des feuilles a permis
« la chasse utile des lapins, et indépendamment des
« battues qui ont eu lieu deux fois par semaine, le sieur
« Civiale a fait chasser quotidiennement son garde,
« accompagné d'auxiliaires salariés;

« Que, de plus, depuis la fermeture de la chasse, le
« défendeur, après s'être pourvu des autorisations ad-
« ministratives nécessaires, a continué la destruction
« des lapins par tous les moyens possibles;

« Qu'enfin il a fait poser, ce à quoi il n'était pas
« tenu, des grillages sur une longueur considérable
« entre les bois et les propriétés du demandeur;

« Que si les récoltes du sieur Bellan ont néanmoins
« souffert de la présence des lapins, c'est qu'apparem-
« ment les circonstances atmosphériques tout exception-
« nelles qui ont amené la multiplication, et la grande
« étendue des bois qui avoisinent les propriétés du de-
« mandeur, sont autant de causes qui ont rendu la des-
« truction complète de ces animaux à peu près impos-
« sible;

« Par ces motifs, déclare Bellan mal fondé en sa
« demande. »

Voici donc les principes bien établis. Le nombre des lapins ne doit pas être pris en considération ; ce qu'il faut rechercher, c'est si les efforts faits pour parer au danger qui menace les riverains ont été sérieux.

Mais la Cour de cassation nous paraît aller bien loin quand, dans un arrêt du 6 janvier 1874, elle fait un grief au propriétaire de bois d'avoir détruit les renards et les putois.

Ces animaux ne détruisent pas seulement les lapins, ils rôdent autour des fermes et s'attaquent aux volailles et aux animaux domestiques. — Il est vrai de dire que, dans l'arrêt dont nous parlons, le propriétaire qui a détruit les renards n'a rien fait pour détruire les lapins, et que la destruction des renards ne paraît être qu'un motif secondaire.

La tendance générale de la jurisprudence est de réagir contre les demandes exagérées des riverains. Les tribunaux se sont laissé trop longtemps guider par l'étendue du dommage causé, sans tenir compte des efforts faits pour la destruction, et des difficultés résultant de l'état même des lieux.

De toutes les questions qui intéressent les propriétaires et les locataires de chasse, la plus importante assurément est celle des indemnités auxquelles on est exposé pour les dommages causés par les lapins.

Nous n'avons rien à retrancher de tout ce que nous venons d'énoncer plus haut et qui se trouvait dans notre première édition.

Mais depuis 1875 la jurisprudence s'est accentuée ; elle s'est fortifiée, on peut le dire, dans le sens de l'arrêt d'Eichtal.

Il faut, pour qu'une condamnation puisse intervenir,

plus qu'un dommage important et anormal; il faut la preuve d'une faute, d'une négligence ou d'une imprudence contre le propriétaire ou locataire de chasse.

Mais en quoi consistera cette faute, cette négligence ou cette imprudence? Voilà le point difficile à déterminer, et les juges du fait auront toujours nécessairement un pouvoir très étendu d'appréciation. Nous ne disons pas un pouvoir souverain d'appréciation, car, après avoir énuméré en fait les précautions prises par le chasseur, il ne leur suffira pas de poser en principe que ces précautions sont insuffisantes, il faudra qu'ils disent en quoi elles sont insuffisantes. — Exemple : l'arrêt d'Eichtal.

Cependant, comme le pouvoir du juge est très étendu, et comme les magistrats ne cherchent qu'à s'éclairer et n'ont généralement pas cette idée bizarre de se créer une jurisprudence personnelle, nous allons nous efforcer de mettre sous les yeux de nos lecteurs quelques documents judiciaires importants rendus la plupart sur nos plaidoiries ou celles de notre excellent confrère Charles Tissier.

Ils ne suffiront certainement pas à permettre aux chasseurs de diriger eux-mêmes leur propre affaire dans des matières aussi délicates, mais ils leur donneront des aperçus utiles.

Le propriétaire ou locataire de chasse, *dès qu'il sera menacé* par les demandes d'indemnité, devra s'adresser à son avocat ou à son avoué et ne pas attendre pour cela qu'il se soit compromis dans des pourparlers amiables. Toute la science du praticien, même de celui qui est habitué à des affaires de ce genre, est souvent insuffisante pour lutter contre l'astuce du paysan qui sait bien cultiver superficiellement ici, mettre à côté de puissants engrais chimiques, introduire tardivement sa demande, temporiser, glisser comme une carte forcée des experts amiables qu'il feint de ne pas connaître et pour lesquels il servira demain d'expert dans des affaires semblables, attendrir son juge à la vue de traces manifestes de lapins souvent habilement accumulées par lui, qui n'a pas craint d'y mettre la main, majorer le rendement des récoltes et leur prix, ne pas tenir compte de la main-d'œuvre qu'il faudrait défalquer, etc.

Si l'on veut bien songer que cés affaires sont en quelque sorte des affaires à répétition et se renouvelleront chaque année, la plus minime devra être considérée comme très importante.

Il nous est impossible de reproduire *in extenso* les jugements que nous allons résumer, mais ils ont tous été publiés, nous en indiquons les sources et nous les tenons à la disposition de nos lecteurs. Nous ne remonterons pas à une époque antérieure à 1881 : on verra la jurisprudence s'accuser de plus en plus nettement dans les tribunaux des environs de Paris, c'est-à-dire ceux dans le ressort desquels se trouvent les chasses les plus giboyeuses et pour qui ces affaires sont très familières.

Le 26 décembre 1881, par un jugement reproduit dans le journal *le Droit,* le tribunal de Beauvais posait en principe que le fait de n'avoir pas défoncé les terriers ne constituait pas à lui seul l'imprudence entraînant la responsabilité, et qu'il suffisait, pour ne pouvoir être recherché, d'avoir fait de sérieux efforts de destruction pour lutter contre la multiplication excessive des lapins.

Mais il est certain cependant que des faits déterminés

caractériseront l'imprudence ou la négligence. Si nous avons représenté le paysan madré cherchant le plus souvent à exploiter son voisin, il est des cas dans lesquels le locataire de chasse ou le propriétaire de bois doit être déclaré responsable.

Nous recueillons à cet effet la jurisprudenee qui consacre aussi bien que celle qui écarte les responsabilités, cherchant à dégager de l'une et de l'autre les principes communs et à tracer des règles aussi nettement que possible.

Le 19 mars 1883, la Cour de cassation décide que le locataire d'une chasse est responsable des dégâts occasionnés par les lapins, lorsqu'il n'a pris aucune des mesures nécessaires pour leur destruction, qu'il a fait soigneusement garder sa chasse, qu'il s'est opposé aux chasses et battues réclamées par les riverains, et qu'il n'a ni coupé ni permis de couper les ronces et broussailles servant de refuge à ces animaux. (*Le Droit* du 22 mars 1883.)

Il ne faut pas se méprendre sur la portée de cet arrêt que nous avons entendu très souvent commenter, sinon de mauvaise foi, du moins d'une façon fantaisiste. Le fait de garder sa chasse ne constitue aucune faute, on n'est pas davantage obligé de couper ou de laisser couper les broussailles, pas plus que de permettre des battues demandées; mais le tout peut constituer un ensemble répréhensible, et la Cour de cassation dans l'espèce a dû forcément rejeter le pourvoi formé contre un jugement qui établissait en principe qu'aucune des mesures nécessaires pour la destruction n'avait été prise, que les lapins s'étaient multipliés outre mesure dans des bois remplis de ronciers et de broussailles que le locataire de chasse n'avait ni enlevées ni permis d'enlever. Remarquons que bien souvent cet arrêt peut être invoqué contre les fermiers voisins, s'ils ne demandent pas à faire faire des battues auxquelles ils participeront, et à enlever eux-mêmes les ronciers et les broussailles.

A cette même date, 19 mars 1883, la même chambre de la Cour de cassation a rendu un arrêt fort intéressant dans une affaire Bellanger-Brémontier.

M&#me; Bellanger, fermière dans les environs des Andelys, assigne en dommages-intérêts M. Mettais-Cartier, locataire des chasses des bois de M. Brémontier.

M. Mettais-Cartier répond qu'il a autorisé M&#me; Bellanger à détruire elle-même avec tout auxiliaire et par tous moyens; mais celle-ci ne considère pas cela comme suffisant et ajoute qu'elle n'a pas reçu l'autorisation du propriétaire du sol de défoncer les terriers. Le juge de paix admet la demande, mais le tribunal des Andelys infirme sa sentence, et la Cour de cassation, adoptant la doctrine du tribunal des Andelys, décide que *le locataire de chasse n'est pas tenu de détruire les lapins lui-même, qu'il est seulement obligé, s'il ne procède pas à cette destruction, d'accorder aux voisins toute permission nécessaire pour qu'ils puissent le faire.*

Ainsi, quand on ne veut prendre par soi-même aucune mesure pour détruire les lapins et en entraver la multiplication, on n'a qu'à permettre aux voisins de les détruire. C'est qu'en effet ces lapins sont *res nullius.* (Cet arrêt est rapporté *in extenso* dans la *Gazette du Palais*, page 27.)

Dans ces deux arrêts comme dans les jugements que nous verrons plus tard, on trace avant tout le devoir du riverain. Pour accuser autrui, il faut qu'il n'ait rien à se reprocher à lui-même; quand on lui a donné les moyens de se défendre, s'il ne s'en est pas servi, il n'est pas recevable à se plaindre; bien plus, l'arrêt qui admet ses doléances constate qu'il a offert de faire procéder à des battues et de couper les ronciers.

Nous n'avons pas besoin d'autre transition pour arriver au remarquable jugement rendu, le 21 mars 1883, par le tribunal de Corbeil, sous la présidence de M. le président Bernard, et rapporté dans *le Droit* du 21 mars 1883.

La spéculation était évidente. M. Leroy, cultivateur, réclamait à M. Anglade 9,000 francs de dommages-intérêts; trois experts cultivateurs faisaient droit à la totalité de cette demande, et le juge de paix, réduisant un peu les chiffres (les experts allouaient jusqu'à 1,000 francs par hectare de blé prétendu mangé), condamnait M. Anglade à 7,200 francs de dommages-intérêts.

Nous avons obtenu l'infirmation complète de ce jugement, et le fermier Leroy, au lieu de toucher 7,200 francs, a été condamné à payer les dépens, qui montaient environ à 1,500 francs.

Ce jugement décide que les cultivateurs doivent, de leur côté, dans la mesure de leurs forces, faire le nécessaire pour se protéger eux-mêmes, et ne pas attirer les lapins chez eux par des cultures spéciales.

M. Anglade avait sommé M. Leroy de participer aux destructions qu'il ferait le dimanche et quelquefois dans la semaine : il ajoutait dans l'acte que Leroy était autorisé à se livrer même en semaine à la destruction des lapins, à la condition de prévenir le garde de la propriété.

Or M. Anglade, du 13 novembre au 12 mars, avait

fait 19 chasses et tué 398 lapins. Leroy n'est pas venu aux destructions et n'a pas profité de la permission de chasser, sous prétexte que la présence du garde le gênait.

Le jugement établit que les efforts faits par M. Anglade sont suffisants, que la présence du garde imposée est la mesure la plus simple et la plus naturelle ; qu'en ne défonçant pas les rabouillères sur son propre terrain et en ayant l'imprudence de planter des haricots près des bois, M. Leroy a donné la mesure de la valeur de son action.

Ce jugement a servi de base à bien des décisions d'autres tribunaux rendues dans la suite.

Le 1er juin 1883, le tribunal de Coulommiers infirmait un jugement du juge de paix de Rozoy, qui faisait grief à un locataire de chasse de n'avoir pas défoncé les terriers. Il posait en principe que si, comme dans l'espèce, le chasseur prouvait qu'il avait fait des chasses et destructions sérieuses, il n'avait pas besoin de boucher les trous d'un grillage qu'il n'était nullement tenu de poser, et que le seul fait de n'avoir pas défoncé les terriers (mesure qualifiée de peu efficace) ne saurait le constituer en faute. (*Le Droit*, 4 octobre 1883.)

Nous disions plus haut que le chasseur n'était pas obligé de permettre sans réserve aux riverains de détruire eux-mêmes les lapins, mais que cette simple autorisation sous la surveillance de son garde suffisait à l'exonérer ; nous disions aussi que le fait de convoquer les riverains à participer aux destructions devait être pris en sérieuse considération. Voici un jugement du tribunal de Beauvais, du 28 mars 1884, qui détermine en fort bons termes cette situation :

Attendu que le fait par Lorain d'avoir gardé soigneusement sa chasse ne peut être invoqué contre lui qu'autant qu'il n'a point, par lui-même et ses invités ou préposés, employé tous les moyens en son pouvoir pour détruire les lapins ou en réduire le nombre à des proportions relativement minimes; qu'on ne peut exiger du locataire de la chasse qu'il se substitue dans ses opérations de destruction, au préjudice de ses droits de conservation du gibier de toute nature qui séjourne dans ses bois, des voisins qui abuseraient infailliblement de l'autorisation à eux donnée d'y aller en toute liberté détruire le lapin.

Le jugement entre ensuite dans l'appréciation des faits, et, bien qu'il arrive à consacrer la responsabilité limitée de M. Lorain, nous croyons qu'il pourra souvent être invoqué par les chasseurs.

Tout d'abord il pose en principe que les battues sont impossibles avant la chute des feuilles, et le furetage inefficace à partir d'avril. Pour nous, familier à la chasse, c'est élémentaire; mais encore faut-il l'expliquer aux tribunaux composés de magistrats non chasseurs. Puis il reconnaît, comme nous, que le fait de ne pas défoncer les terriers est insignifiant.

Nous allons beaucoup plus loin : si les bois sont vastes et fourrés, s'ils contiennent beaucoup de haies et de taillis, il faut au contraire respecter les terriers; c'est là qu'à l'aide de bourses on prendra les lapins, qu'on ne détruira jamais s'ils se disséminent dans le bois.

Mais comme M. Lorain n'a chassé que le dimanche avec quelques amis, tantôt en battue, tantôt aux chiens courants; qu'il n'a fait fureter que pour mettre le lapin sur pied le dimanche matin; qu'en dehors de ces chasses le garde n'a pas détruit de lapins; que si le voisin a été invité deux fois dans l'arrière-saison, c'est un fait sans importance, M. Lorain est rendu responsable d'*une partie* du préjudice évalué par les experts.

Les cultivateurs voisins de M. Lorain avaient fait un luxe inouï de procédure, chacun engageant l'instance par une demande spéciale, multipliant les actes, les significations d'exploit, et demandant en outre collectivement 200 francs de dommages-intérêts. C'était la spéculation qui s'affirmait d'une manière éhontée. M. Lorain fut condamné à payer une somme totale de 385 francs à répartir entre les cinq demandeurs; mais un quart des frais fut laissé à la charge de ces derniers, et ce quart des dépens dépassait la somme allouée.

Nous avons obtenu le même résultat en février 1886, devant le tribunal de la Châtre, et le riverain, en gagnant partiellement son procès, perdit en frais de procédure une somme supérieure à celle qui lui était allouée; ce qui suffit à lui donner à réfléchir.

En effet, s'il avait averti son voisin en temps voulu, s'il n'avait pas par une demande exagérée empêché toute transaction, il eût évité les frais laissés à sa charge, et tout se serait terminé amiablement.

Toutes les constatations de fait échappent, nous l'avons dit, à la censure de la Cour de cassation; mais il ne s'ensuit pas que le juge soit omnipotent, et il doit faire connaître quels sont les faits précis qui ont déterminé sa conviction et les moyens de procédure qui lui en ont donné connaissance dans les formes judiciaires.

Le juge peut bien fonder son jugement sur ses propres constatations, mais seulement quand elles sont consignées dans un procès-verbal régulier de visite de lieux. Cela se conçoit aisément, car un semblable document peut être critiqué et combattu, tandis que l'opinion personnelle du juge n'est connue que par le jugement qu'il rend et se soustrait à la discussion.

Le 9 juin 1882, le tribunal de Sens constatait qu'un jugement de justice de paix condamnait un locataire de chasse en ne s'appuyant que sur des faits à la connaissance du premier juge, non consignés dans un procès-verbal de visite de lieux.

On pouvait croire, en bonne logique, que le jugement de justice de paix allait être infirmé; il n'en fut rien, le tribunal de Sens condamna le locataire de chasse. Le 14 juin 1884, la Cour suprême a fait justice d'une semblable sentence en la cassant. (*Le Droit*, 21 juillet 1884. — Dans le même sens, un arrêt de cassation du 3 juillet 1885, rapporté dans *le Droit* du 10 juillet.)

Nous devons dire que depuis cet arrêt les formes de procédure ont été mieux respectées. Cependant les juges de paix ont conservé une tendance à condamner en motivant leur sentence uniquement sur ce fait que les bois contiennent des lapins et que ces lapins causent un préjudice. S'ils étaient moins nombreux, ils ne feraient aucun mal appréciable; donc les propriétaires de bois ont eu le tort, ont commis la faute de les laisser devenir nuisibles.

Évidemment ce raisonnement simplifierait bien les choses, éviterait bien des recherches, bien des enquêtes, bien des expertises; mais il aurait des résultats iniques et serait en contradiction avec l'arrêt d'Eichtal, avec la jurisprudence unanime de la Cour de cassation et de tous les tribunaux supérieurs. Il faudrait, pour qu'il fût juste, que le gibier cessât d'être *res nullius* et devînt chose privée.

Un jugement de justice de paix de Claye, du 15 janvier 1884, fut infirmé, le 11 février 1885, par le tribunal de Meaux pour s'être trop rapproché de cette manière de voir.

Le premier juge n'avait pas tenu compte des efforts de destruction, de la proximité de bois considérables appartenant à des tiers, de grillages protecteurs posés par le locataire de la chasse, de la spéculation du riverain qui avait planté des choux sur un terrain autrefois planté en osiers, etc.

Le tribunal infirma le jugement et condamna le demandeur aux dépens. (*Gazette des Tribunaux*, 16 mars 1885.) A l'occasion de ce jugement, nous avons appelé l'attention du tribunal sur la manière dont se faisaient certaines expertises, et le tribunal a consigné nos observations après en avoir vérifié l'exactitude.

Le demandeur déclarait avoir planté 25,000 pieds de choux, et affirmait, lors de la première expertise à laquelle le défendeur n'assistait pas, que 12,500 pieds étaient déjà dévorés. L'expert juré affirma dans son rapport avoir contrôlé ces allégations et les avoir trouvées conformes à la vérité.

Or, à la seconde expertise, il fut obligé de reconnaître que 14,148 choux seulement avaient été plantés et que 6,500 seulement étaient mangés.

Nous ne pouvons, dans un ouvrage aussi restreint, citer toutes les décisions à notre connaissance en cette matière ; mais nous devons signaler à nos lecteurs un jugement rendu, le 6 juin 1885 (*le Droit* du 29 juin 1885), dans une affaire entre M. de Magnitot et MM. Maillard et autres, par le tribunal de Mantes, parce qu'il est, à notre avis, un des plus complets et qu'il résume le mieux les moyens à employer pour éviter toute responsabilité et par suite toute condamnation. Un jugement du juge de paix de Magny avait condamné M. de Magnitot; cette sentence est infirmée et M. de Magnitot est renvoyé indemne, parce qu'il est établi que, d'octobre à mars, il a fait de nombreuses chasses à l'aide de furets, de bourses, de chiens d'arrêt et de chiens courants, de rabatteurs; parce qu'on ne peut lui faire un grief de n'avoir pas chassé avant la chute des feuilles, parce que ceux qui se plaignaient de l'existence de terriers en laissaient sur leur propre terrain, et enfin parce qu'une expertise mal faite ne peut servir de base à une condamnation.

On connaît maintenant par ces documents de jurisprudence ce qui peut constituer la faute, la négligence ou l'imprudence du propriétaire ou locataire de chasse. Ne perdons pas de vue que, pour consacrer cette responsabilité, il faut un ensemble de circonstances.

Ainsi, le 19 janvier 1886 (*Gazette du Palais*, 4 février 1886), la Cour de cassation rejette le pourvoi formé par M. Bonnel de Longchamps contre un jugement de Senlis qui l'avait condamné au profit du fermier Lacroix, parce que ce jugement consignait, d'une part, que le dommage était hors de proportion avec le dommage normal; d'autre part, parce que M. Bonnel de Longchamps n'avait ni organisé de battues, ni défoncé, ni bouché les terriers, et qu'il n'avait accordé d'autorisations de chasser que dans des conditions restreintes et insuffisantes.

L'arrêt nous paraît absolument juste et nullement en contradiction avec les règles que nous avons tracées, avec cette réserve cependant que nous considérons, comme les tribunaux de Corbeil, de Meaux, de Beauvais, de Mantes, et celui de Tonnerre dans un jugement non encore publié, que dans la plupart des circonstances on ne doit pas détruire les terriers.

Mais on ne peut s'armer d'une phrase ou d'un membre de phrase de cet arrêt pour conclure à une condamnation, et dire par exemple : « Vous n'avez pas fait de battues, vous devez être condamné. »

Non, il faut un dommage anormal. Si le dommage n'était pas excessif, on n'avait aucune mesure à prendre. Mais si M. Bonnel de Longchamps était, dans l'espèce, en présence d'un dommage anormal, tout anormal qu'était le dommage, il n'aurait pas été mis à sa charge s'il avait fait des battues, s'il avait défoncé les terriers, et si, quand les voisins réclamaient la possibilité de détruire eux-mêmes, il la leur avait accordée sous la surveillance de son garde.

Quelle est la marche à suivre pour demander des dommages-intérêts ou défendre à cette demande?

Quelles sont les règles de droit applicables à l'expertise?

Les dépens doivent-ils toujours être mis à la charge de la partie contre laquelle est prononcée une condamnation pécuniaire?

Aux termes de la loi de 1838, les juges de paix connaissent, à quelque valeur que la demande puisse s'élever, pour dommages faits aux champs, fruits et récoltes, soit par l'homme, soit par les animaux.

Leurs jugements, dans le cas où la demande excède cent francs, sont susceptibles d'appel devant les tribunaux civils.

En aucun cas, on ne saurait s'adresser à une autre

juridiction. C'est ainsi qu'un arrêt, rendu par la Cour de Paris le 15 mars 1875, a décidé que la voie du référé n'était pas ouverte pour les contestations ressortissant des juges de paix, ces contestations pouvant être vidées immédiatement par le juge du fond; et que, spécialement, en cas de dommages causés aux récoltes par les animaux, le juge du référé était incompétent pour ordonner une expertise à l'effet de constater et d'évaluer le dommage.

Cependant, si le riverain et le propriétaire ou le locataire de la chasse avaient réglé par un contrat les bases des indemnités annuelles, lorsque des contestations s'élèveraient, comme il s'agirait en réalité de l'interprétation d'un contrat, ce ne serait plus le juge de paix, mais bien le tribunal de première instance qui serait compétent. C'est en ce sens que s'est prononcée la Cour de cassation le 17 décembre 1861.

Revenons aux cas les plus ordinaires. Rien n'a été réglé entre le chasseur et le fermier voisin : le lien de droit qui existe entre eux n'est pas un contrat, mais un quasi-délit prévu par l'article 1383 du Code civil. Le fermier lésé va assigner celui qu'il prétend responsable vis-à-vis de lui; mais, avant de lancer l'assignation, il doit l'appeler devant le juge de paix, formalité qui ne sert le plus souvent, dans la matière qui nous occupe, qu'à prolonger inutilement les débats.

La conciliation ayant été tentée sans résultat satisfaisant, on lance l'assignation. Peu importe l'époque de l'année à laquelle on se trouve; mais, si le demandeur a mal choisi son moment, s'il s'y est pris trop tard, de telle manière que les constatations soient devenues ou impossibles ou très difficiles, il agit à ses risques et périls, et peut voir sa demande considérablement réduite, peut-être même absolument rejetée.

Le juge de paix, saisi d'une demande, doit-il employer certains moyens pour s'éclairer; est-il astreint à se conformer à certaines règles de procédure?

Non, assurément; il est maître d'éclairer sa religion comme bon lui semble. Si l'affaire lui paraît minime et ne pas comporter les frais d'une expertise, il se contentera de faire lui-même une visite des lieux et de se renseigner près des personnes compétentes. On ne saurait soutenir, en effet, que pour une demande de cinquante francs on dût faire pour trois cents francs de frais.

Mais, si l'indemnité demandée est très considérable, si le débat doit s'engager sur des sommes élevées, le juge, toujours maître de ses moyens d'examen, fera bien de ne rien changer à la procédure usuelle et de provoquer des expertises, s'il ne veut pas voir son jugement utilement attaqué devant le tribunal d'appel.

En tout cas, nous pensons que le magistrat fera sagement en accompagnant les experts. Les transports sur les lieux entreront en taxe et augmenteront un peu l'état des frais, mais ils assureront la bonne administration de la justice.

Les magistrats choisissent les experts. Le plus souvent ils les nomment sur les indications des parties; en cas de désaccord, ils font eux-mêmes les indications. Rarement on a trouvé des experts de mauvaise foi; mais l'impartialité absolue n'est pas de ce monde, et, avec une entière bonne foi, les fermiers ont des tendances à favoriser les fermiers, et les chasseurs à favoriser les chasseurs.

C'est là précisément ce qui a produit cette réaction dans la jurisprudence. Le chasseur s'en rapportait au juge pour le choix des experts : le fermier proposait trois de ses amis, et l'estimation des dommages-intérêts prenait des proportions inouïes.

Nous connaissons un tribunal de paix où, tous ces inconvénients ayant été parfaitement appréciés, on choisit ainsi les trois experts : un cultivateur, un garde-chasse et un géomètre.

Le juge accompagne chaque fois les experts sur les lieux litigieux ; il entend les observations de chacun, et, lorsqu'on lit le rapport au jour de l'audience, il connaît jusqu'au moindre détail de ce rapport et peut en apprécier la valeur.

Un arrêt du parlement de Paris, du 21 juillet 1778, cité par M. Sorel, détermine la procédure à suivre. M. Sorel considère cet arrêt comme ayant force de loi. Mais la jurisprudence est d'un avis contraire. Si l'arrêt du 21 juillet 1778 avait force de loi, celui du 15 mai 1779 serait également obligatoire : or ce dernier est hérissé de difficultés et impraticable.

Ils ont été tous deux formellement abrogés par l'article 1048 du Code civil.

Nous avons dit que le juge pouvait arbitrer le dommage sans avoir recours à une expertise ; mais, quand il croit devoir se renseigner au moyen d'une expertise, il prononce un premier jugement nommant les experts et fixant leur mission.

Ce jugement s'appelle un jugement interlocutoire. Il est donc susceptible d'appel. (Cassation, 7 décembre 1885.) Doit-il être suivi dans un certain délai du jugement définitif?

La simple lecture de l'article 15 du Code de procédure civile le démontre amplement.

Cet article est ainsi conçu :

« Dans le cas où un interlocutoire aurait été ordonné,
« la cause sera jugée définitivement, au plus tard, dans
« le délai de quatre mois du jour du jugement interlo-
« cutoire; après ce délai, l'instance sera périmée de
« droit; le jugement qui serait rendu au fond sera sujet
« à l'appel, même dans les matières dont le juge de
« paix connaît en dernier ressort, et sera annulé sur la
« réquisition de la partie intéressée. Si l'instance est
« périmée par la faute du juge, il sera passible de dom-
« mages-intérêts. »

Plusieurs tribunaux ont décidé cependant que cet article n'était pas applicable aux expertises relatives anx dommages causés par le gibier. Nous avons, dans ce sens, un jugement du tribunal de paix du canton de Sèvres, rendu le 5 septembre 1874. Le juge s'appuie sur ce qu'on ne saurait admettre que le législateur ait rendu impossible l'appréciation utile d'un dommage causé par le gibier; qu'on arriverait cependant à cette conséquence en s'en rapportant au texte même de l'article 15 du Code de procédure civile, puisqu'on rechercherait vainement une manière de procéder pratique conforme à l'application littérale de la loi, les constatations devant avoir lieu au moins à deux dates différentes, et la dernière se trouvant presque toujours nécessairement postérieure de plus de quatre mois au jugement interlocutoire.

La Cour de cassation, dans un arrêt du 27 août 1866, a tourné la difficulté en décidant que la péremption d'instance ne courait qu'à partir du jour de la clôture du procès-verbal d'expertise, lorsqu'il s'agit de dégât causé par le gibier.

Nous pensons que ces deux systèmes sont également contraires à la loi. Sur quoi se fonde-t-on pour ne pas appliquer textuellement l'article 15 du Code de procédure civile? Sur une prétendue impossibilité d'estimer les dégâts. Mais rien ne dit qu'on doive l'estimer par deux ou trois expertises. En admettant même que deux expertises soient nécessaires, ne peut-on pas les faire, l'une à la fin de février, l'autre au commencement de juin?

A tout bien considérer, en admettant qu'on ne doive pas se conformer à l'article que nous avons cité, le jugement du juge de paix de Sèvres est plus logique que l'arrêt de cassation. Quel est ce point de départ arbitrairement fixé par la Cour suprême? Pourquoi la péremption court-elle du jour de la clôture du procès-verbal d'expertise? Ce n'est certes pas par application de l'article 15 du Code de procédure, qui ne parle que du jugement ordonnant l'expertise.

Nous pensons qu'il faut toujours se conformer à la loi, même quand son application présente des difficultés.

Qu'on en propose une nouvelle, si l'ancienne ne satisfait pas, mais que l'on se conforme à celle qui est en vigueur.

Quand on a reconnu que les préfets ne pouvaient ouvrir la chasse à courre sans ouvrir en même temps la chasse à tir, a-t-on cherché dans un compromis de jurisprudence le moyen de leur donner un pouvoir qu'ils n'avaient pas? Non, on a fait une loi nouvelle; si celle qui nous régit ne satisfait pas le juge, nous avons une assemblée investie du pouvoir législatif, c'est à elle de prendre les mesures qu'elle croira utiles. Néanmoins nous croyons que les parties peuvent d'accord renoncer à la nullité prononcée par le Code de procédure.

Si le demandeur et le défendeur consentent à ce que le jugement définitif soit rendu six ou huit mois après l'interlocutoire, le juge peut leur donner acte de leurs déclarations, et la demande en nullité ne sera plus recevable.

Le propriétaire riverain qui, lors des semailles d'automne, ne pouvait prévoir que ses récoltes seraient dévastées par le gibier de son voisin, ne peut-il pas, dès qu'il s'aperçoit du danger, recourir à la procédure la plus expéditive, et faire nommer un expert par la voie du référé?

La question a été tranchée, le 15 mars 1875, par la Cour de Paris. Il ne peut pas s'adresser au président du tribunal civil et solliciter une ordonnance.

Voici les motifs de l'arrêt de la Cour :

« Considérant que la loi du 25 mai 1838 a attribué
« aux juges de paix la connaissance spéciale et exclu-
« sive des actions pour dommages causés aux champs
« et récoltes, en dernier ressort, jusqu'à concurrence
« de 100 francs, et, en premier ressort, à quelque va-
« leur que s'élève le dommage ;

« Que ladite loi a prévu les cas d'urgence et déterminé
« les moyens de procéder avec la plus grande célérité ;

« Qu'en conséquence le juge du référé ne pouvait
« être régulièrement saisi ;

« Dit que le juge du référé était incompétent. »

Aucune règle n'est tracée aux experts; ils font leur travail comme il leur convient de le faire. Voici comment on procède le plus souvent : les experts commencent par demander au cultivateur quelles observations il entend faire, ils écoutent ensuite le propriétaire ou le fermier de la chasse, et consignent les dires dans leur rapport.

Chaque fois que les experts procèdent aux constatations sur les lieux litigieux, il faut que les parties en cause soient représentées ou dûment appelées.

Les expertises en matière de dégâts causés par le gibier sont d'ailleurs soumises aux règles générales des expertises. Elles sont entachées de nullité, si les parties n'ont pas été appelées contradictoirement. (Voir un arrêt de la Cour de Paris du 27 février 1886. *Le Droit*, 29 mars 1886.)

Mais supposons que la dernière expertise soit viciée parce que le défendeur n'a pas reçu la sommation d'assister aux constatations des experts; on découvre cette nullité lorsque les récoltes sont coupées et qu'il est impossible de faire des constatations nouvelles : sera-t-il impossible au juge de prononcer une condamnation et d'allouer des dommages-intérêts?

Nous ne le croyons pas. En effet, si, dans la rigueur du droit, une expertise nulle ne peut servir de base à une condamnation, rien n'empêche qu'elle entraîne la conviction du juge, et, quand le juge peut prononcer la sentence sans avoir besoin de s'appuyer sur l'expertise même, le résultat obtenu est à peu près le même que si l'expertise était valable. Mais, comme nous l'avons fait remarquer plus haut, il faut pour cela que le juge s'appuie sur un procès-verbal régulier de visite des lieux.

Faisons toutefois remarquer que, dans ce cas, les frais de l'expertise entachée de nullité ne pourraient être mis à la charge de la partie qui succombe.

Le juge de paix peut accompagner les experts, mais

peut-il assister à leurs délibérations? Il n'a pas voix délibérative, cela va de soi; mais n'a-t-il pas au moins voix consultative?

Les experts peuvent refuser de délibérer en sa présence; mais, s'ils l'admettent et écoutent ses avis, nous ne croyons pas qu'on puisse soulever à ce sujet la moindre difficulté.

Il nous paraît même utile que le juge assiste aux délibérations. Il se rendra compte ainsi de la manière dont les opinions se sont formées. Les rapports d'experts sont toujours incomplets. Pour arriver à une seule opinion, les trois experts ont dû se faire des concessions réciproques, car il est peu probable qu'ils soient tombés immédiatement d'accord : il importe que le juge connaisse les raisons qui ont été données par chacun à l'appui de son opinion. Il gardera ces observations dans sa mémoire, et elles lui seront d'une grande utilité le jour de l'audience.

Toutes ces précautions nous semblen t bonnes à prendre, car dans certains pays, et notamment dans les environs de Paris, les procès en dommages-intérêts pour dégâts commis par le gibier sont les plus importants de ceux que les juges de paix sont appelés à examiner.

Le juge de paix est compétent en premier ressort, à quelque somme que puisse s'élever la demande. Nous connaissons des propriétaires à qui l'on réclame bon an mal an cinquante mille francs de dommages-intérêts. Si les constatations ont été mal faites et les expertises incomplètes ou viciées de nullité, quand le juge de paix se sera prononcé, que feront les juges d'appel?

Il sera impossible alors de faire une nouvelle expertise : les récoltes seront enlevées depuis longtemps, et déjà celles de l'année suivante commenceront à pousser quand le tribunal sera saisi de l'appel. On ne pourra donc plus s'appuyer que sur ce qui aura été vu et constaté pendant la saison précédente.

Tout jugement définitif emporte condamnation de l'une ou de l'autre partie aux dépens du procès. La partie qui succombe est toujours condamnée aux frais : dans certains cas cependant ils peuvent être compensés.

Quand différentes prétentions ont été émises par les deux parties en cause et que chacun a été débouté d'une partie de ses demandes, les frais sont partagés, et on les fait supporter à chacun en proportion de ses torts.

Comment procéderons-nous en matière de dégâts causés par le gibier?

La procédure habituelle coûte fort cher. Un petit cultivateur pourra-t-il, pour un arpent de terre et afin de faire évaluer le dommage éventuel qu'il subira et qu'il évalue dès à présent à des sommes exagérées, faire prononcer un jugement interlocutoire, le signifier à partie et aux experts, faire procéder à trois expertises, envoyer des sommations, lever le rapport, prendre un jugement définitif qui sera enregistré et signifié ?

On peut arriver ainsi, dans un procès où les dommages s'élèvent à quarante francs, à une note de frais de cinq cents francs.

Ayez près de votre chasse, ce qui arrive souvent, une quarantaine de petits propriétaires, et vous devez renoncer aux plaisirs cynégétiques, si vous n'obtenez des transactions.

Il serait bon cependant de mettre un frein aux demandes exagérées qui empêchent les transactions et nécessitent les frais.

On nous a signalé un jugement rendu, il y a quelques années, par le juge de paix de Besson (Oise) dans une affaire de M. de Vogüé contre différents riverains de ses propriétés, jugement qui nous paraît, sinon conforme à la doctrine, du moins pratique et équitable. Une forte partie des dépens a été mise à la charge des demandeurs parce qu'ils avaient, en exagérant leurs prétentions, empêché une transaction possible.

Mais comment borner ses demandes, comment les formuler? Sait-on le dommage causé? Les assignations sont lancées au commencement de l'automne, en vue d'un dommage probable qui n'est pas encore né.

Puisqu'il faut nécessairement procéder par présomptions, le chasseur qui se trouve en guerre déclarée avec des voisins qui ne savent pas borner leurs prétentions ne pourrait-il pas faire des offres dès le début de la saison, et consigner à la Caisse des dépôts et consignations une somme un peu supérieure à celle qu'il présume devoir être allouée plus tard par les experts?

On lui demande bien ce qu'il ne doit pas encore, pourquoi n'offrirait-il pas ce qu'il pourra devoir?

Alors les rôles changeraient, et les riverains deviendraient plus circonspects.

Le chasseur assignerait en validité d'offres, il deviendrait demandeur au procès, les expertises suivraient leur cours, et, à la fin de la récolte, si la somme offerte par lui était jugée suffisante, les riverains supporteraient légalement tous les dépens. Ce système mettrait fin à une exploitation déplorable. Les petits cultivateurs ne s'embarqueraient plus de gaieté de cœur dans des expertises onéreuses.

Je sais bien que cette procédure donnera lieu à beau_

coup de récriminations et prêtera à la critique, mais est-elle beaucoup moins logique que celle qu'on emploie aujourd'hui?

Pour terminer ce que nous avions à dire touchant la responsabilité du chasseur en matière de dégâts causés par le gibier, passons rapidement en revue les animaux de la multiplication desquels on est ou l'on n'est pas responsable.

Nous avons déjà résumé la jurisprudence sur ces différents points dans notre traité des *Procès de chasse*.

Pour les lièvres, les cerfs, biches et sangliers, il y aura toujours une question de fait à résoudre. Ces animaux sont nomades de leur nature; mais, si les juges reconnaissent que le propriétaire en a peuplé ses bois, ou qu'il a négligé de les chasser, ils condamneront.

Les responsabilités peuvent être de toute autre nature; et, sans établir de comparaison, nous reconnaîtrons que les chasseurs sont responsables civilement de leurs enfants mineurs, de leurs pupilles et de leurs domestiques. Ce point ne se rattachant pas directement aux locations de chasse, nous ne lui donnerons aucun développement.

Est-on responsable de ses colocataires de chasse ou de ceux avec lesquels on fait une partie de chasse? La solidarité existe-t-elle entre tous les chasseurs chassant ensemble, soit au chien d'arrêt, soit au chien courant? Nous ne le pensons pas, et nous donnerons à l'appui de notre opinion le texte complet d'un jugement rendu par le tribunal de Châteaudun, conformément à une plaidoirie très complète et très remarquable de Me de Bigault du Grandrut.

La reproduction de ce jugement nous dispensera d'entrer dans de plus amples détails.

Jugement du 31 décembre 1874.

Le tribunal :

« Attendu qu'il est établi par les faits du procès-verbal que les sept défendeurs, qui se trouvaient réunis par suite d'une invitation de chasse, battaient ensemble le lit à sec de la Conie, et formaient à cet effet une ligne de chasseurs séparés les uns des autres par des distances qui pouvaient varier de cinq à dix mètres, ligne composée dans l'ordre qui suit : à l'extrême droite, le sieur Guillotin, à la gauche de celui-ci, le sieur Pierre, et, à trois ou quatre pas en arrière de ces deux messieurs, le demandeur Besnard, porte-carnier du sieur Pierre ; à la gauche de ce dernier et successivement, MM. Gaudier, Charlot, Desneau, garde, Virois, Stanquet, ou, suivant quelques-uns, Stanquet et Virois ;

« Attendu que le chien du garde Desneau vint à tomber en arrêt à quelques mètres en avant du milieu de la ligne, et qu'il est admissible, d'après les circonstances de la cause, que le sieur Charlot se soit, ainsi qu'il l'a prétendu dans sa comparution à l'audience, avancé de quelques pas pour aller à l'arrêt du chien, et qu'il est également probable que le garde Desneau a suivi plus ou moins le mouvement en avant de Charlot ;

« Attendu qu'il est établi que, des perdreaux s'étant levés sous l'arrêt du chien, l'un de ces perdreaux prit son vol sur la gauche de la ligne, tandis que trois ou quatre autres se dirigèrent sur la droite et forcèrent la ligne en passant par-dessus M. Gaudier ;

« Attendu qu'au départ des perdreaux trois ou quatre coups de fusil furent tirés presque simultanément, et que le porte-carnier Besnard, atteint par un certain nombre de grains de plomb (un groupe à l'angle de la mâchoire inférieure, deux plombs au-dessous de l'œil gauche, un à la main, et l'autre à la cuisse du même côté gauche du corps), fut grièvement blessé;

« Attendu, relativement à la gravité du dommage, qu'il est établi par les rapports des médecins et les faits de la cause que l'état actuel de Besnard est la conséquence directe de la blessure qu'il a reçue le 10 septembre;

« Attendu qu'à défaut de preuves contraires, et en présence de ce fait que les grains de plomb ont porté du même côté du corps, le tribunal doit considérer la blessure comme étant le résultat d'un coup de fusil unique;

« En ce qui touche la responsabilité du sieur Pierre, à raison du mode de service auquel il aurait employé Besnard comme porte-carnier;

« Attendu qu'aucun défaut de précaution n'est établi à la charge du sieur Pierre, puisque la position qu'occupait Besnard, à quelques pas seulement en arrière du chasseur, était évidemment celle qui l'exposait le moins;

« En ce qui touche la responsabilité solidaire de tous les chasseurs, résultant de l'état de collectivité dans lequel ils se trouvaient le 10 septembre;

« Attendu qu'ils n'étaient réunis ni en société civile ni en société commerciale pour l'exploitation d'une chasse en commun, mais seulement par suite d'une invitation, chacun chassant pour son plaisir et conservant son gibier; que, d'ailleurs, même en cas de société, le quasi-délit de l'un des associés ne peut engager ceux qui n'y ont pas pris part;

« En ce qui touche la responsabilité solidaire des défendeurs qui résulterait de ce que tous auraient, par un ensemble d'imprudence commune, concouru au fait qui a produit le dommage;

« Attendu que le fait de s'être placés plus ou moins près les uns des autres dans le but de battre en ligne une certaine étendue de sol découvert comme dans l'espèce, ne peut constituer une imprudence, puisque chacun, et notamment le porte-carnier Besnard, était en vue;

« Que, d'autre part, ledit Besnard se trouvait, à l'égard de tous les chasseurs, convenablement placé, puisqu'il suivait le sieur Pierre d'assez près pour qu'on puisse dire qu'il faisait en quelque sorte partie de la ligne;

« Attendu qu'il résulte de ce qui précède que la responsabilité du fait dommageable ne peut atteindre qu'une seule personne, l'auteur de la blessure;

« Attendu qu'il résulte des faits de la cause que les sieurs Guillotin, Pierre, Virois et Gaudier n'ont pas tiré;

« Que le sieur Stanquet a tiré, mais sur le perdreau qui avait pris son vol sur le côté gauche de la ligne;

« Attendu qu'il résulte, des explications fournies par le sieur Charlot, qu'il est le chasseur vêtu de noir indiqué dans l'instruction comme s'étant retourné pour tirer, que de graves présomptions le désignent comme ayant tiré non un seul coup de fusil comme il le prétend, mais deux; que les mêmes présomptions désignent Desneau comme ayant tiré un coup de fusil;

« Qu'il existe des probabilités que les trois coups de fusil ont été tirés dans la direction de Besnard;

« Mais, attendu qu'il est constant que Charlot et Des-

neau n'étaient séparés l'un de l'autre que par un espace
d'environ dix mètres, que leur position était à peu près
identique ;

« Qu'en présence de l'écartement des plombs, il n'y
a aucun argument sérieux à tirer contre Charlot plutôt
que contre Desneau, de ce que ce dernier devait être
plus éloigné de Besnard d'environ dix mètres ;

« Qu'il n'y a non plus aucun argument à tirer contre
l'un ou l'autre de leur attitude dans les moments qui
ont suivi l'accident, l'attitude des deux ayant donné lieu
à des suppositions ;

« Que, pour motiver une condamnation contre l'un
et l'autre ou contre l'un des deux seulement, des probabilités ne suffisent pas ;

« Qu'il faudrait en plus qu'il apparût dans la cause
des présomptions graves, précises et concordantes, établissant avec certitude légale, soit à la charge de chacun
d'eux, non seulement l'imprudence, mais encore l'imprudence suivie d'effet, c'est-à-dire la participation
active dans le fait dommageable ; soit à la charge d'un
seul la commission de ce fait tout entier ;

« Qu'au contraire le doute subsiste ;

« Qu'il y a donc lieu de déclarer le demandeur mal
fondé :

« Par ces motifs, déclare Besnard mal fondé en sa
demande, l'en déboute et le condamne aux dépens. »

On voit avec quelle précision tous les faits sont rele-
vés par le tribunal de Châteaudun. Ce qu'il nous importe
de retenir, c'est que la solidarité n'existe pas.

Le locataire de la chasse peut-il, après l'ouverture,
chasser indistinctement sur toutes les terres par lui
louées, sans se préoccuper de l'état de la culture ?

Dans notre première édition nous avions cherché à déterminer les récoltes que le chasseur ne pouvait parcourir, et nous nous étions appuyé sur la jurisprudence faite par les différentes cours et la Cour de cassation.

Les peines sont en effet plus élevées quand le délit de chasse est commis sur une terre *non dépouillée de ses fruits*.

Aujourd'hui cette question est bien secondaire. Une jurisprudence s'est faite, contraire aux droits des chasseurs, et que nous ne saurions trop combattre. Elle se résume ainsi :

« Le propriétaire qui afferme l'exploitation d'un bien
« rural, aliène par cela même, et à défaut de stipula-
« tion contraire, le droit de passer sur les terres ense-
« mencées ou chargées de récoltes, et il ne peut, dès lors,
« sous prétexte qu'il s'est réservé le droit de chasse,
« revendiquer pour lui ou ceux qui chassent avec son
« autorisation, le droit de passer sur le terrain emblavé,
« sans la permission du fermier.

« Il est en conséquence passible de la contravention
« prévue par l'article 471, n° 13, du Code pénal.

Cette jurisprudence, qui remonte à 1878, a été consacrée par différents arrêts de cassation des 29 février, 9 et 15 mai 1884, et par la Cour d'Orléans, le 24 décembre 1885.

Nous pensons que cette jurisprudence n'est pas définitive et nous ne cesserons de l'attaquer que le jour où une Cour d'appel aura réagi et où la Cour suprême sera revenue sur ses décisions.

Qu'on ne perde donc pas courage et qu'on entreprenne la lutte; on a vu plus d'une fois la Cour de cassation changer complètement sa jurisprudence.

Pourquoi ne le ferait-elle pas sur cette intéressante question de droit ? Les tribunaux ne sont pas liés par son opinion actuelle, et il leur appartient de provoquer la modification que nous souhaitons. D'ailleurs les trompettes qui ont fait écrouler les murailles de Jéricho n'ont réussi qu'au septième tour.

Est-il possible d'admettre que le fermier qui n'a pas stipulé à son profit le droit de chasse sur les terres qu'il cultive puisse ignorer que pour exercer ce droit de chasse on devra forcément user du droit de passage?

Si l'exercice de ce droit peut lui causer quelque préjudice, il a dû le prévoir et par conséquent en tenir compte dans le prix de location qu'il a offert.

N'a-t-il pas été jugé qu'en cas de conflit entre le locataire de chasse et le fermier de culture, il faut tenir compte des intérêts de l'un et de l'autre?

La Cour de Paris et différents tribunaux ont, avec raison, refusé au fermier le droit d'intercepter la chasse par des grillages.

C'est en vertu du même principe que nous reconnaissons au propriétaire et à son délégué le locataire de chasse le droit de passage.

Mais, cependant, par voie de conséquence, nous ne donnons pas au locataire de chasse le droit de fouler aux pieds toutes les récoltes.

Si, à l'époque de l'ouverture, il reste des avoines non coupées, des trèfles ou les luzernes prêts à être fauchés ou que le fermier laisse monter à graine, le droit de chasse subit un tempérament et le locataire chasseur devrait au fermier des dommages-intérêts s'il les renversait.

Quant aux pommes de terre, aux betteraves, aux

champs de minette, aux regains de sainfoin, prairies artificielles qu'on ne coupera plus dans l'année, aux herbes qui ne peuvent servir que de litière aux animaux, empêcher au chasseur d'y passer nous paraît une réelle injustice.

Le locataire de chasse pourra souvent être en opposition d'intérêts avec le fermier cultivateur. Ce dernier, comme le propriétaire qui cultive lui-même, s'il éprouve des dommages par le fait du gibier, et si ces dommages sont causés par l'imprudence ou la négligence du chasseur, en obtiendra réparation, soit par la voie amiable, soit par la voie judiciaire.

Mais il n'est pas tenu de respecter toujours et quand même les animaux étrangers; l'article 9, § 3, de la loi de 1844 lui permet de se mettre en garde contre le gibier et de *repousser ou de détruire même avec des armes à feu les bêtes fauves qui porteraient dommage à ses biens.*

Cette dernière phrase a donné matière à bien des discussions juridiques; interprétée judaïquement, elle nous conduirait très loin, et rendrait les locations de chasse impossibles.

Qu'entendrons-nous par bêtes fauves? M. Villequez, dans son savant ouvrage, dit qu'il faut comprendre sous cette dénomination tous les animaux sauvages, même les volatiles qui portent dommage aux propriétés, et il cite à l'appui de son opinion plusieurs arrêts.

Nous ne nous étendrons pas longuement sur cette question, que nous avons examinée dans notre chapitre XII des *Procès de chasse.*

L'animal sauvage cause toujours un préjudice au cultivateur en mangeant l'herbe de sa prairie; il ne s'ensuit pas que le cultivateur puisse le tuer : ce serait lui reconnaître implicitement le droit de chasse en tout temps.

Mais, si le propriétaire ou le fermier voit une bande de sangliers dévaster ses récoltes, une buse s'abattre dans sa cour, un renard rôder autour de son poulailler, il peut s'armer d'un fusil et user du droit que lui confère l'article que nous venons de citer. Les tribunaux apprécieront souverainement en fait l'opportunité de l'acte accompli, et, s'ils se trouvent en présence d'un chasseur qui a pris un prétexte pour satisfaire sa passion de la chasse, ils n'admettront pas l'excuse et prononceront une condamnation.

En tout cas, il a été souvent jugé, et notamment le 1er juillet 1875, par le tribunal de Rouen, que notre article ne s'applique qu'aux propriétaires, possesseurs ou fermiers, et non aux personnes étrangères.

IV.

Des propriétés de l'État, des départements et des communes.

Adjudications. — Les *cahiers des charges* sont la loi des parties.

Situation défavorable faite aux locataires des forêts de l'État. Ils ne sont pour ainsi dire que des permissionnaires.

Ils ne peuvent avoir des gardes à eux. — Ces gardes ne sont que des surveillants ; les agents de l'État seuls ont droit de verbaliser.

Droit de transiger avec les braconniers accordé à l'État au mépris des privilèges de l'adjudicataire. — Dangers de cet abus.

Impossibilité de transporter sa location à un tiers non agréé par l'administration.

Moyens à employer pour obvier à tous ces inconvénients.

Procès-verbaux des séances d'adjudication complétant et commentant les cahiers de charges.

Doit-on respecter les jeunes coupes ? — Des routes et chemins traversant les bois ou forêts.

Qui sera condamné, si l'adjudicataire conduit un nombre de chasseurs plus grand que celui qu'il est autorisé à conduire aux termes du cahier des charges ?

Des conflits possibles entre le locataire de la chasse et le louvetier.

Le produit des locations de chasse constitue aujourd'hui une branche importante des revenus de l'État. Il n'en était pas de même autrefois. Jusqu'en 1832, les forêts de l'État n'étaient pas louées ; la chasse y était interdite, mais l'administration accordait gratuitement de nombreuses permissions.

Ces permissions étaient accordées jusqu'en 1830 par le grand veneur. Une ordonnance du roi fut rendue le 16 septembre 1830, qui supprima les fonctions de grand veneur, et attribua à l'administration des forêts la police de la chasse dans les forêts de l'État.

Les permissions données par le grand veneur étaient valables pour une année. Les permissionnaires étaient invités à détruire les animaux nuisibles, comme loups, renards, blaireaux; ils devaient faire connaître au conservateur le nombre de ces animaux qu'ils avaient détruits, en lui envoyant la patte droite; par là ils acquéraient des droits à de nouvelles permissions.

Il y avait deux sortes de permissions : celles de chasse à tir, et celles de chasse à courre. Les premières n'emportaient que le droit de chasse à l'aide de chiens d'arrêt et du fusil; les secondes étaient données de préférence aux individus que leur goût et leur fortune mettaient à même d'avoir équipages et de contribuer à la destruction des loups, renards et blaireaux, en remplissant l'objet de leurs plaisirs. Les chasses à courre avaient lieu du 15 septembre au 15 mars.

C'était le régime de l'arbitraire : on ne pouvait accorder de permissions à tout le monde, et les privilèges accordés faisaient beaucoup de jaloux.

Le 18 août 1832, le roi rendit une ordonnance ainsi conçue :

ARTICLE 1er. Le droit de chasse dans les forêts de l'État sera loué au profit de l'État par adjudication publique aux enchères.

ART. 2. A défaut d'offres suffisantes, l'administration pourra délivrer des permissions à prix d'argent, sur soumission cachetée, avec publicité et concurrence, d'après le mode qui sera ultérieurement fixé par notre ministre des finances.

ART. 3. La durée des baux et permissions est limitée à une saison, qui commencera le 15 septembre 1832 pour finir au 15 mars 1833.

ART. 4. Un cahier des charges, approuvé par notre ministre des finances, réglera toutes les conditions auxquelles les fermiers et les porteurs de permissions devront être assujettis. — Il devra contenir toutes les dispositions nécessaires à l'effet d'exercer la destruction des animaux nuisibles, tant dans l'intérêt de la conservation des forêts, que pour préserver de tous dommages les propriétés particulières.

ART. 5. Les fermiers de la chasse, ainsi que leurs associés et les porteurs de permissions, seront tenus de concourir aux chasses et battues qui seront ordonnées par les préfets pour la destruction de ces animaux.

ART. 6. L'ordonnance du 14 septembre 1830 continuera à recevoir son exécution. — Néanmoins le droit de chasse à courre, attribué dans ces forêts aux lieutenants de louveterie, sera restreint à la chasse aux sangliers.

Sous l'empire de cette ordonnance, la chasse dans les forêts de l'État *devait* donc être louée. On reconnut bientôt que, si en général il était de l'intérêt de l'État que la chasse fût louée, dans certains cas l'affermage pouvait nuire à la conservation des bois et donner naissance à des inconvénients qui ne seraient pas compensés par le produit des adjudications.

La loi du budget du 14 avril 1833 modifia l'ordonnance en ce qu'elle rendit les locations, d'obligatoires qu'elles étaient, purement facultatives.

Mais une dernière ordonnance fut rendue le 12 juillet 1845, qui permit de faire des baux pour une durée de neuf années; sauf cette modification, l'ordonnance de 1845 est la reproduction de celle de 1833.

Les adjudications se font ordinairement aux enchères publiques, et non par soumissions cachetées. — Nous donnerons, dans le chapitre suivant, un modèle de cahier des charges. — C'est le contrat passé entre l'administration et le locataire; le fait de l'adjudication rend les clauses du cahier des charges obligatoires pour le locataire.

Un arrêté du 25 prairial an XIII autorisait les maires à affermer le droit de chasse sur les propriétés de leurs communes, à charge par eux de faire approuver la mise en ferme par les préfets et le ministre de l'intérieur.

Mais il a été jugé par la Cour de cassation, le 5 février 1848, que cet arrêté était virtuellement abrogé par les articles 10, 11 et 17 de la loi du 18 juillet 1837.

Les maires consultent donc les conseils municipaux sur l'opportunité et les conditions de la location; ils prennent un arrêté conforme à la délibération, qu'ils soumettent à l'approbation du préfet.

La délibération du conseil municipal sert de base au cahier des charges, et l'on procède ensuite à l'adjudication aux enchères publiques par-devant notaire.

Tous les bois des communes et des établissements publics, qui sont susceptibles d'aménagement ou d'une exploitation régulière, sont soumis au régime forestier;

c'est donc à l'administration qu'il appartient, aux termes de l'article 159 du Code pénal, de poursuivre la répararion de tous délits et contraventions commis dans ces bois.

Quant aux délits et contraventions commis dans les autres propriétés communales, ils seront poursuivis à la requête du maire, en sa qualité d'administrateur légal.

Il a été jugé par la Cour de cassation, le 9 janvier 1846, que le ministère public avait qualité pour poursuivre d'office, en l'absence de toute plainte du maire de la commune propriétaire, les délits de chasse commis dans les bois communaux soumis au régime forestier.

Cette décision, qui ne paraît pas conforme aux véritables principes juridiques, a été dictée à la Cour suprême par l'intérêt même des communes. Si le ministère public, qui représente l'État, devait attendre, pour mettre l'action pénale en mouvement, une plainte du maire, n'arriverait-on pas indirectement à ce résultat que le maire pourrait donner de sa propre autorité un droit de chasse tacite, sinon formel, sur les biens dont l'administration lui est confiée? Or nous avons vu précisément que le maire n'avait pas ce droit.

Nous devons nous occuper plus spécialement des locataires des forêts de l'État. Depuis trente ans, les forêts sont louées à des prix fort élevés. Le gibier n'existe plus, pour ainsi dire, dans les chasses banales; les propriétaires de forêts sont nombreux en France, et les chasseurs se disputent aux enchères les bois de l'État, quelles que soient les clauses et les conditions qu'on leur impose.

En droit, leur situation est assez précaire. Sans entrer

dans l'examen des cahiers des charges, qui diffèrent suivant les pays, voyons quels sont les privilèges accordés à l'État par la loi et la jurisprudence.

Nous n'avons pas hésité à comparer les locataires des forêts de l'État à des permissionnaires à titre onéreux : on verra que nous n'avions pas tort.

Avant 1854, le locataire ou fermier de la chasse devait s'en rapporter exclusivement à la vigilance de l'administration pour la répression des délits. Ce singulier système était fait pour empêcher toute surveillance. L'administration, qui avait délégué son droit de chasse, ne s'intéressait guère à la poursuite des braconniers, et les gardes forestiers n'ouvraient l'œil que lorsqu'ils avaient d'excellents rapports avec le locataire.

Le directeur général des eaux et forêts soumit alors à l'approbation du ministère des finances un nouveau modèle de cahier des charges qui fut approuvé et dont nous extrayons les deux articles suivants :

« Art. 25. La surveillance et la conservation de la
« chasse restent spécialement confiées aux agents et gar-
« des forestiers. Néanmoins les fermiers et cofermiers
« pourront, avec l'autorisation du directeur général
« des forêts, avoir des surveillants dans les forêts affer-
« mées ; mais cette autorisation, qui devra être expresse
« et spéciale, sera révocable à volonté. Il est expressé-
« ment interdit aux surveillants de porter des armes à
« feu.

« Art. 26. Les infractions aux lois et règlements de la
« part des fermiers et cofermiers ou des personnes
« dont ils seront accompagnés, et des délits de chasse
« commis par les personnes sans titre dans les forêts

« affermées, seront poursuivis correctionnellement,
« sauf à la partie lésée, d'après la connaissance que
« l'agent forestier ou le ministère public lui aura donnée
« du procès-verbal, à intervenir pour requérir les dom-
« mages-intérêts auxquels elle aurait droit. »

En somme, ces deux articles ne signifient rien, car
ils ne confèrent aucun droit au locataire de la chasse,
pas même celui d'employer des surveillants. Ce sera là
une faculté accordée suivant le bon plaisir de l'administration.

Il fallait un commentaire à une pareille décision, et
ce commentaire, le directeur des eaux et forêts nous le
donne dans sa circulaire du 20 mai 1854 :

« Les fermiers, dit-il, avaient élevé beaucoup de ré-
« clamations contre l'interdiction d'avoir des surveil-
« lants. Cette défense absolue n'est pas maintenue;
« mais la faculté d'instituer des gardes-chasse ne pourra
« résulter que d'une décision expresse et spéciale,
« révocable d'ailleurs à volonté. Ces surveillants, non
« assermentés, donneront avis, soit aux brigadiers et
« gardes forestiers, soit aux gendarmes et gardes cham-
« pêtres, des délits ou contraventions qui seraient venus
« à leur connaissance. Il leur est bien expressément
« défendu de porter des armes à feu. »

Nous avouons ne pas bien comprendre l'innovation
introduite par le directeur des eaux et forêts en 1854
dans le modèle des cahiers des charges.

Mais que seront donc ces surveillants dont il parle,
s'ils ne sont pas assermentés, s'ils ne peuvent agir par

eux-mêmes, et enfin s'ils doivent rester désarmés de toute manière? Rien, que les *reporters* du fermier de la chasse et de l'administration : ce seront, pour ainsi dire, des agents de police secrète que les tribunaux croiront comme le premier témoin venu. L'administration elle-même, à laquelle ils adresseront leurs rapports, ne sera pas tenue d'y ajouter foi. Mais alors quelle est donc la modification dont parle l'auteur de la circulaire? quelle est la satisfaction donnée aux justes plaintes des fermiers de l'État?

Avant comme après la circulaire et la rédaction des articles que nous venons de citer, ne pouvaient-ils pas surveiller eux-mêmes, faire surveiller et porter à la connaissance de l'administration les attestations de délits par eux recueillies, sauf à l'administration à en tenir tel compte qu'il lui semblerait bon?

C'est donc une amélioration dérisoire. Rien n'empêche que des gardes particuliers exercent une surveillance à côté des gardes forestiers de l'État. Dira-t-on qu'une rivalité peut naître entre eux? Tant mieux, et dans aucun cas les braconniers n'en bénéficieront, car ceux que le garde de l'État aurait épargnés seront pris par le garde particulier, et ceux qui auraient trouvé grâce près du garde particulier n'échapperont pas au garde de l'État.

Il serait donc de l'intérêt de tous qu'on permît au locataire des chasses des forêts domaniales d'avoir des gardes particuliers à côté de ceux de l'administration : tout le monde y gagnerait.

C'est à l'autorité judiciaire qu'il appartient de connaître des difficultés auxquelles peut donner lieu, entre l'adjudicataire et l'État, l'exécution d'un bail du droit de chasse dans une forêt domaniale, alors surtout qu'il s'agit d'une demande en résiliation de bail ou de réduction du loyer. (Tribunal des Conflits, du 29 novembre 1884.)

Les délits de chasse dans les bois soumis au régime forestier sont assimilés aux délits forestiers par les arrêtés du 28 vendémiaire an V et du 19 ventôse an X; ils rentrent donc dans les attributions de l'administration des forêts, qui a compétence pour les faire réprimer. Une loi du 18 juin 1859 autorise cette administration à transiger avant le jugement et à arrêter ainsi l'action publique.

Tant que la chasse dans la forêt de l'État où le délit a été commis n'est point louée, ce système n'a rien d'illogique : l'administration n'a que le droit de tout particulier sur ses propriétés; ce droit a été confirmé par un avis du conseil d'État, le 26 novembre 1860.

Mais la prétention de l'administration de transiger contre le gré du locataire de la chasse nous paraît exorbitante; et cependant elle a été consacrée par la jurisprudence, et notamment par un jugement du tribunal de Tonnerre et un arrêt de la Cour de Paris en 1873.

Une personne inconnue de l'adjudicataire a été prise en flagrant délit de chasse dans une forêt domaniale. Le locataire, lésé dans ses droits, a intenté des poursuites, s'appuyant sur la loi de 1844 et sur son bail. Le tribunal et la Cour ont rejeté sa demande parce que, entre la perpétration du délit et les poursuites, l'administration forestière avait transigé avec le délinquant. L'infortuné locataire a été renvoyé à se pourvoir devant qui de droit, c'est-à-dire devant la juridiction civile.

Ainsi donc ce qui restera à l'adjudicataire pour faire

respecter ses droits sera une action civile en dommages-intérêts.

Si encore cette action était efficace, le mal serait peut-être réparable; mais elle est absolument nulle.

Que le locataire de la chasse se présente devant les tribunaux civils, on lui répondra : « Êtes-vous propriétaire du gibier? Non, il appartient au premier occupant; le fait de chasse en lui-même est licite en quelque endroit qu'il s'accomplisse. Je prends un fruit dans votre jardin, je porte atteinte à votre droit de propriété; je prends un cerf dans votre bois, je prends possession d'un animal qui n'appartient à personne et ne suis répréhensible qu'aux termes d'une loi de police, la loi de 1844. »

Comment les juges civils prononceront-ils une condamnation? En s'appuyant sur la loi de 1844? Mais c'est une loi pénale qui n'est pas de leur compétence et qu'ils ne peuvent examiner; d'ailleurs, une transaction est intervenue qui a paralysé toute action exercée en vertu de cette loi. Voilà comment l'adjudicataire est privé de tout recours.

N'est-il pas vrai de dire qu'il est plutôt un permissionnaire qu'un locataire? Cependant il paye les droits d'enregistrement comme si son acte était un bail, et il est soumis à toutes les conditions imposées au preneur.

La conséquence logique de tout ceci est que l'administration peut louer le lendemain à un autre ce qu'elle m'a loué la veille; quand je voudrai poursuivre le second locataire qui chassera contre mes droits acquis, l'administration m'arrêtera en transigeant avec lui.

Espérons que la jurisprudence se modifiera et que le droit de transaction accordé à l'administration forestière sera limité au cas où aucune location n'aura été préalablement consentie. On aura déjà ce résultat bizarre que deux personnes (l'administration et le locataire) pourront séparément poursuivre la répression du même délit; mais alors, du moins, les braconniers seront seuls à en souffrir.

Suivant la jurisprudence de la Cour de cassation, le ministère public a le même droit que l'administration. Son action sera-t-elle éteinte quand l'administration aura transigé?

L'affirmation ne nous paraît pas douteuse après les jugements et arrêts que nous avons mentionnés.

Cette situation exceptionnelle, faite au locataire des chasses de l'État, résulte du § 5 de l'article 11 de la loi de 1844, ainsi conçu :·

« Les fermiers de chasse, soit dans les bois soumis
« au régime forestier, soit sur les propriétés dont la
« chasse est louée au profit des communes ou établis-
« sements publics, qui auront contrevenu aux clauses
« et conditions de leurs cahiers de charges relatives
« à la chasse, seront punis d'une amende de seize à
« cent francs. »

Bien que les cahiers de charges ne soient pas absolument les mêmes pour toute la France, ils se ressemblent cependant beaucoup, et les modifications ne portent que sur des points très peu importants. Or les prohibitions que nous avons mentionnées se retrouvent dans tous les cahiers de charges et deviennent ainsi la loi des locataires de chasse dans les forêts de l'État.

Jamais l'administration ne permet à l'adjudicataire

de chasser sans réserve avec un nombre illimité d'amis; suivant l'étendue de la chasse louée, on permet au chasseur de sous-louer certaines parties et de se faire accompagner par des amis plus ou moins nombreux.

Supposons d'abord la possibilité de sous-louer. L'adjudicataire principal a un certain délai indiqué dans le cahier des charges, pendant lequel il peut déclarer les noms des personnes auxquelles il veut déléguer tout ou partie de son droit. Ce délai passé, il reste seul adjudicataire, personne ne peut chasser hors de sa présence.

S'il a fait sa déclaration en temps utile, cette déclaration n'a pas eu pour effet de lui substituer les personnes désignées : il reste responsable du prix de location vis-à-vis de l'État et garant de ses sous-locataires. La désignation n'a qu'un but : permettre aux sous-locataires de chasser avec le nombre d'amis indiqué au cahier des charges, hors de la présence de l'adjudicataire principal. Si plus tard, le gibier s'étant multiplié au point de nuire soit à la forêt, soit aux riverains, il y avait lieu de demander des indemnités, c'est à l'adjudicataire principal qu'on devrait s'adresser. Celui-ci, assigné en justice, appellera en cause ses sous-locataires, mais il sera considéré comme le véritable débiteur, et devra payer de ses deniers, sauf son recours.

L'administration a parfois des exigences excessives : elle se réserve, dans le cahier des charges, le droit d'accepter ou de refuser le sous-locataire qui sera désigné par l'adjudicataire. Ce n'est donc pas un droit qu'elle confère? Est-ce une simple tolérance habituelle qu'elle rappelle dans le cahier des charges?

Nous croyons que c'est un véritable droit pour

l'adjudicataire, et que, si l'administration n'a pas de raisons sérieuses pour refuser les personnes désignées, elle doit les accepter.

Cette clause est semblable à celle qui, insérée dans un contrat ordinaire, permettrait à l'acheteur de refuser livraison des marchandises qui ne lui conviendraient pas. Dira-t-on que le contrat, purement facultatif pour l'acheteur, ne le lie pas? Non, on comprendra qu'il refuse des marchandises qu'un autre avait été contraint d'accepter; en un mot, qu'il se montre difficile sur le fait de la livraison, mais jamais on ne l'autorisera à refuser des marchandises de premier choix.

De même, dans notre hypothèse, si l'administration refuse sans raison plausible le sous-locataire désigné par l'adjudicataire, ce dernier pourra s'adresser aux tribu- naux compétents pour l'y contraindre, c'est-à-dire au conseil de préfecture et au conseil d'État.

Il est très difficile, pour ne pas dire impossible, d'éviter les fourches caudines sous lesquelles l'administration forestière fait passer les chasseurs. Ce qu'il faut avant tout, c'est rester en bons termes avec les agents supérieurs et les subalternes, et éviter les conflits. Au point de vue juridique, il ne nous reste qu'une ressource : procéder par voie de pétition à l'Assemblée nationale et demander qu'on fasse aux chasseurs une condition meilleure, que les locataires de l'État soient assimilés aux locataires des simples particuliers.

L'État n'y perdra rien ; ses chasses se loueront plus cher, et il aura les mêmes recours contre ses fermiers, si ceux-ci laissent manger le bois ou portent une atteinte quelconque à sa propriété. Mais l'administration forestière, comme toutes les autres, aime les complications et les choses embrouillées; elle ne consentira jamais à rédiger un cahier des charges en dix lignes.

Ces cahiers des charges trop complets, dont nous nous plaignons, n'ont même pas toujours le mérite d'être clairs. Le jour de l'adjudication, de nombreuses questions sont posées au directeur qui préside aux enchères en qualité d'officier public. Les réponses sont le commentaire du cahier des charges, et, si elles sont insérées au procès-verbal, elles engagent l'administration.

De même avant l'adjudication, des affiches, des placards, indiquent la contenance des lots et quelques clauses principales du cahier des charges; si quelques-unes de ces clauses indiquées sur l'affiche ne se retrouvaient pas au cahier des charges, le locataire pourrait cependant en bénéficier.

C'est ainsi que, pour certains lots de la forêt de Fontainebleau, les affiches portaient que les adjudicataires auraient le droit d'enlever les œufs de fourmis, et ce droit a donné plus tard matière à un intéressant procès que nous avons plaidé et gagné à la Cour de Paris.

Sans l'apposition de cette affiche, le locataire de la chasse aurait vu sa demande repoussée, parce qu'on ne lui reconnaissait pas le droit de prendre pour lui seul les œufs de fourmis dans son lot.

En l'absence de toute clause spéciale, est-il interdit au locataire de chasser dans les jeunes coupes? Doit-il en outre les garantir contre le gibier en les faisant entourer de palissades?

Il est impossible de répondre en droit à de semblables questions qui doivent se résoudre en fait. Il n'y a aucun inconvénient à chasser avec quelques chiens courants dans les jeunes coupes ou dans les plantations, surtout en prenant quelques précautions; il peut au contraire y avoir matière à des dommages-intérêts si l'on a découplé une meute et foulé l'enceinte avec des chevaux. De même, il sera inutile de faire entourer de palissades la plantation ou la jeune coupe, si le gibier ne s'est pas trop multiplié et ne peut causer que ce qu'on est convenu d'appeler le dommage normal.

Si au contraire les cerfs, les chevreuils ou même les lapins abondent, la plus simple prudence exige qu'on prenne ces précautions.

L'État peut affermer le droit de chasse sur les routes et chemins publics qui traversent ou bordent ses bois et forêts. Mais une question des plus controversées est celle-ci : dans le silence du bail d'un droit de chasse dans une forêt de l'État, le droit de chasse comprend-il les routes et chemins qui traversent la forêt?

MM. Villequez et de Neyemand, d'accord avec un arrêt de la Cour de Dijon, se prononcent pour l'affirmative. MM. Giraudeau et Lelièvre, s'appuyant sur un jugement du tribunal de Charolles, soutiennent la négative, et font valoir avec raison que la route est du domaine public et non du domaine privé de l'État. Enfin, disent-ils, si un chemin sépare deux héritages, auquel des deux propriétaires appartiendra la chasse?

Il est d'usage de laisser chasser les locataires ou adjudicataires sur tous les chemins qui traversent la forêt.

Les communes ont quelquefois des chemins, chemins vicinaux, chemins ruraux, qui longent ou traversent des chasses giboyeuses. Il est impossible de louer la chasse sur ces chemins de minime étendue, et les habitants de la commune viennent s'y poster, armés de fusils, les jours où une chasse a été annoncée. On comprend quels désagréments peuvent naître pour les propriétaires riverains d'un semblable voisinage.

De nombreuses plaintes ont été adressées à ce sujet, et les préfets ont pris une mesure très efficace.

C'était en 1867 ou 1868, la chasse de la forêt de Sénart avait été concédée à MM. Rouher et Fould, le gibier y abondait, et les habitants de Draveil, les jours de battue, venaient se placer au milieu de la chasse sur un des chemins de la commune, appelé la *voie aux Vaches*, large à certain endroit de plus de 40 mètres. Le préfet, usant de son droit de police, a pris un arrêté interdisant la chasse sur les chemins à tous autres qu'aux propriétaires ou locataires riverains.

Les peines seront celles de simple police, et le tribunal sera celui de la justice de paix; mais, si la surveillance est exercée activement, la sanction sera suffisante.

En effet, à Sénart, depuis 1868, malgré tout l'attrait d'une des plus jolies chasses des environs de Paris, on n'a pas relevé trois contraventions.

Si l'adjudicataire conduit avec lui un nombre de chasseurs plus grand que celui qu'il peut conduire dans la chasse louée, c'est lui qui est responsable. La Cour de cassation l'a décidé ainsi le 29 novembre 1845.

La jurisprudence est fixée dans ce sens, et nous ne voyons pas, en effet, d'autre solution à donner à la question. Qui pourrait-on poursuivre, si ce n'est le locataire de la chasse? Un ami ou plusieurs invités? Mais il est impossible de déterminer ceux qui excèdent le nombre permis; et, comme le fait remarquer un arrêt de la Cour de Dijon, il n'y a pas de numéros d'ordre. M. l'avocat général près la Cour de cassation soutenait un système qui n'a pas été admis par la Cour suprême, système très rigoureux et que les chasseurs repousseront, mais qui n'est pas sans valeur pour les juristes.

Il y a, disait-il, aux termes de l'art. 27 de la loi de 1844, une culpabilité conjointe ou une véritable culpabilité de la part de ceux qui ont commis ensemble un délit de chasse ; or c'est avec l'assistance ou même par l'assistance de ces chasseurs surnuméraires que la contravention a été commise. La peine doit donc atteindre solidairement tous ceux qui y ont concouru. Dira-t-on que les chasseurs amenés par le fermier de la chasse au delà du nombre de permis pouvaient ignorer les clauses et conditions du bail ; qu'en tout cas ils n'étaient pas personnellement obligés à son exécution, et qu'ainsi ils ne doivent être considérés que comme des instruments passifs et irresponsables de la contravention ? Mais, en matière de délit de chasse, la bonne foi ne peut être invoquée, la contravention n'est rien.

C'est volontairement que ces chasseurs sont venus. Quand ils se livrent à un fait de chasse, ils doivent s'assurer s'ils n'enfreignent ni la loi ni les arrêtés de l'administration, ni les clauses et conditions du bail en vertu desquelles ils sont amenés dans le bois d'autrui pour y chasser.

La Cour a pensé que l'infraction au cahier des charges ne pouvait concerner que le fermier de la chasse.

Celui qui se porte adjudicataire du droit de chasse dans les forêts de l'État se met hors la loi.

Les cahiers des charges sont exorbitants d'exigences. On impose des treillages, des destructions de lapins exagérées. On donne à l'administration le droit de détruire elle-même les lapins sans l'aide du fusil, et la Cour de cassation décide, le 13 février 1885, dans un arrêt pour nous inexplicable, qu'au mépris de ces termes formels l'administration peut faire détruire les lapins même à l'aide du fusil.

Tout cela n'arrête pas les enchérisseurs, parce qu'on ne craint pas de répéter partout que ces clauses imprimées dans le cahier des charges ne sont jamais exécutées.

Qu'il survienne un conflit entre l'adjudicataire et le moindre garde forestier, la solidarité administrative intervient et la chasse devient impossible.

C'est le régime du bon plaisir et nous ne nous attarderons pas à tracer des règles.

Nous avons vu que de nombreux conflits pouvaient surgir entre l'administration forestière et les adjudicataires des chasses; il nous reste à examiner les difficultés qui naîtront à l'occasion de l'exercice des droits du louvetier.

La louveterie a beaucoup perdu de son ancienne importance depuis les perfectionnements apportés aux armes de chasse, les communications facilitées par les chemins de fer et l'exploitation régulière de toutes nos grandes forêts. Elle est toujours réglementée par l'arrêté du Directoire du 19 pluviôse an V et l'ordonnance royale du 20 août 1814; mais les grands veneurs, de qui elle dépendait, ont disparu, et leurs attributions ont été divisées entre l'autorité préfectorale et l'administration forestière.

Ce sont les préfets qui nomment les lieutenants de louveterie, quand il y a lieu d'en nommer : beaucoup de départements n'en ont pas.

L'uniforme des lieutenants de louveterie, déterminé par l'ordonnance de 1814, n'est pas obligatoire.

Pour fixer les droits et les devoirs des lieutenants de

louveterie, il importe de faire tout d'abord une distinction entre le temps où la chasse est ouverte et celui où elle est close.

Quand la chasse est ouverte, le travail principal de l'équipage du louvetier est de rechercher les endroits que fréquentent les loups, d'entourer les enceintes et de les faire tirer au lancé; on découple, si cela est nécessaire.

On s'accorde généralement à reconnaître que le louvetier peut chasser dans toute sa circonscription, sans distinction de propriétés, sauf aux particuliers ou aux administrations à se plaindre aux préfets, si les chasses étaient faites sans raisons ou d'une manière vexatoire.

Le louvetier aura malheureusement une tendance à préférer ses plaisirs cynégétiques aux intérêts que son mandat le charge de sauvegarder : aussi, le plus souvent, ne se conformera-t-il pas aux prescriptions de l'ordonnance de 1814 que nous venons de rappeler, et, au lieu de faire entourer les enceintes pour détruire le loup ou l'animal nuisible sans le chasser, fera-t-il tous ses efforts pour se ménager des chasses nombreuses et agréables.

S'il ne s'exerçait que sur ses propres terres, nous n'aurions aucune objection à lui faire ; mais le plus souvent il gêne dans leurs chasses les propriétaires ou locataires, sans leur être de la moindre utilité.

Le louvetier qui ne se conforme pas à l'ordonnance de 1814 commet un délit de chasse et peut être poursuivi à la requête des ayants droit. Il n'est d'ailleurs nommé que pour une année et peut être révoqué par le préfet, auquel on doit porter plainte, s'il outrepasse ses pouvoirs.

Le décret du Directoire et l'ordonnance royale ne parlent que des loups; s'ensuit-il que les lieutenants de louveterie ne pourront chasser que les loups?

M. Villequez leur reconnaît implicitement le droit de chasser les renards, les blaireaux et tous les animaux nuisibles déclarés tels par le préfet. Quant à nous, nous ne pouvons accepter sur ce point l'opinion de M. Villequez, et nous ferons remarquer que le lieutenant de louveterie bénéficie d'une loi d'exception : les exceptions sont de droit strict et ne sauraient être étendues. Si le législateur avait voulu autoriser les louvetiers à détruire tous les animaux nuisibles, il l'aurait formellement déclaré.

Mais voici un singulier privilège qui leur est accordé et qui porte un grand préjudice aux locataires de chasse. Ils ont le droit de chasser le sanglier deux fois par mois dans les forêts de l'État, sans pouvoir toutefois le tirer, à moins qu'il ne tienne tête aux chiens.

Une circulaire du directeur des forêts, du 22 juin 1840, dispense les louvetiers de prévenir les locataires de chasse, mais les oblige à se faire accompagner par les gardes forestiers.

Ces chasses au sanglier ne doivent avoir lieu que deux fois par mois en temps d'ouverture; elles cessent après la clôture. Pratiquées dans les termes du règlement, elles sont une entrave à l'exercice des droits de l'adjudicataire. Souvent on loue la chasse dans une forêt de l'État pour pouvoir y chasser le sanglier. Le jour où l'on se prépare à chasser, le louvetier arrive sans avoir prévenu et bouleverse tout.

En admettant même que l'adjudicataire de la chasse

ne se préoccupe pas des sangliers, et qu'il découple ses chiens sur les chevreuils, lui sera-t-il agréable de se voir accoler malgré lui un compagnon de chasse?

Il faut cependant subir ce qu'on ne peut empêcher et tolérer le louvetier. Si le locataire de la chasse se plaint à l'administration, celle-ci répondra qu'elle n'a pu conférer des droits qu'elle n'avait pas, et que le chasseur, en se portant adjudicataire, ne devait pas ignorer cette espèce de servitude qui frappe les forêts domaniales au profit du louvetier, sous prétexte pour celui-ci d'entretenir ses chiens en haleine. La jurisprudence est sévère pour le louvetier.

Le chasseur n'aura qu'une ressource, s'armer des décrets et ordonnances. Il traitera le louvetier comme on traite un voisin gênant, il le fera surveiller activement, et, s'il le trouve en contravention, il exercera contre lui des poursuites.

Si le louvetier peut être l'ennemi du chasseur, le chasseur peut le plus souvent se défendre contre lui et s'armer de la loi.

Mais il n'en est pas de même contre le maire. Le 5 avril 1885, a été promulguée la loi la plus inique et la plus révolutionnaire.

L'article 90, n° 9, donne au maire le droit de prendre les mesures les plus arbitraires pour la destruction des animaux nuisibles. On dit bien qu'il prendra ces mesures de concert avec le propriétaire, mais le plus souvent il se contentera d'avertir le propriétaire et il agira contre le gré de ce dernier.

En attendant des temps meilleurs et l'abrogation de cette loi, dont le commentaire ne rentre pas dans le cadre de notre travail, nous recommandons à nos lecteurs l'ouvrage de M. Puton et la lecture de l'arrêt de cassation du 12 juin 1886.

Il y a encore quelques moyens de lutter contre l'arbitraire, ne les laissons pas échapper.

Nous avons résumé les droits et les devoirs des locataires de chasse, aux termes de la loi actuelle et de la jurisprudence. Une loi nouvelle interviendra-t-elle pour modifier les différents systèmes que nous avons exposés? C'est fort possible dans un temps plus ou moins éloigné; mais, en attendant cette loi si désirée et sur les bases de laquelle on est si peu d'accord, nous ne saurions mieux faire que de conseiller à nos lecteurs de se tenir au courant de la jurisprudence, et de prendre bonne note des jugements et arrêts dont il leur sera donné connaissance.

La loi la plus simple donne souvent matière aux interprétations les plus diverses, et il n'est pas sans exemple que les mêmes tribunaux aient, à des intervalles très rapprochés, sensiblement modifié leur jurisprudence.

V.

Formules et modèles.

1° Un bail de chasse.
2° Cahier des charges.
3° Annexes au cahier des charges.
4° Procès-verbaux de constat par huissier.
5° Procès-verbaux dressés par un garde.
6° Affirmation du procès-verbal devant les autorités compétentes.
7° Sommation et mise en demeure.
8° Plaintes au parquet.
9° Citations directes en police correctionnelle.
10° Citations en justice de paix.
11° Commissions de gardes.
12° Demandes de permis.

Avec commentaire pour chacun de ces actes, indiquant les *délais*, le timbre et l'enregistrement, le coût de chacun, et le mode de remise aux destinataires.

§ I. — *Un bail de chasse.*

Nous donnons ici la formule la plus simple des baux de chasse. Dans le cas où l'on voudrait inscrire dans le bail d'importantes réserves ou des conditions exceptionnelles, le mieux serait de faire faire un acte notarié ou de consulter une personne compétente. Nous ne saurions trop recommander la précision et la netteté dans la rédaction.

Le bail doit être rédigé sur papier timbré à 60 centimes la demi-feuille.

Aux termes de l'article 1328 du Code civil, les actes sous seing privé n'ont de date contre les tiers que du jour où ils ont été enregistrés, du jour de la mort de celui ou de l'un de ceux qui les ont souscrits, ou du jour où leur substance est constatée dans des actes dressés par des officiers publics, tels que procès-verbaux de scellés ou d'inventaire.

Nous n'avons pas besoin d'insister sur l'utilité de l'enregistrement, nous en avons longuement parlé au cours de notre ouvrage.

Le bail doit être fait en autant d'originaux qu'il y a de parties contractantes; la mention de cette formalité remplie est nécessaire.

Les droits d'enregistrement ne sont pas très élevés : ils sont fixés par l'article 1er de la loi du 16 juin 1824 à 20 cent. par 100 francs sur le prix cumulé de toutes les années. Un bail de chasse, consenti pour dix années à raison de 1,000 francs, coûterait donc 20 francs d'enregistrement.

L'article 22 de la loi de frimaire an VII prescrit l'enregistrement des baux sous seing privé dans les trois mois de leur date ; ce délai passé, ils sont soumis au double droit.

La réserve relative à l'article 471, § 13, du Code pénal est indispensable. Le propriétaire fera bien de la mentionner dans ses baux au fermier de culture.

BAIL DE CHASSE SOUS SEING PRIVÉ.

Entre les soussignés   , M. A   , propriétaire, demeurant à   , canton de   , et M. B.   (*même mention de la profession, du domicile*)

Il a été convenu et arrêté ce qui suit :

M. A.... loue par le présent bail à M. B...× la chasse sur les terres et bois dépendant de la ferme de   ,
et comprenant une étendue de   hectares.

Durée.

La durée du présent bail est fixée d'accord à trois, six ou neuf années, au choix du preneur. Néanmoins, si ce dernier entend mettre fin à son bail après une période de trois ou six années, il devra prévenir le propriétaire, dans les formes ordinaires des congés, six mois au moins avant l'expiration de ladite période.

Conditions.

Le présent bail est consenti moyennant un prix annuel de   payable le 1er septembre de chaque année au domicile du bailleur.

Le preneur s'engage à jouir de la chasse en bon père de famille ; il prend à sa charge toutes les indemnités qui pourront être allouées aux propriétaires ou fermiers riverains, mais entend n'être rendu en aucun cas responsable de la multiplication du gibier à l'égard du bailleur, qui lui délègue tous ses droits relatifs à la destruction des bêtes fauves et des animaux nuisibles. Il lui délègue également le droit qu'il tient de l'article 471, § 13, du Code pénal de passer sur les terres préparées et ensemencées ou non dépouillées de récoltes pendant tout le temps où la chasse est ouverte, à l'exception de.....

Fait double à   , le   1875.

Nota bene. — On pourra faire enregistrer le bail au bureau d'un receveur d'enregistrement quelconque, peu importe que ce ne soit pas celui du lieu où le bail a été signé.

§ II. — Cahier des charges.

Les cahiers des charges n'étant pas rédigés par les particuliers, mais leur étant imposés par l'administration, nous n'avons pas à en donner de modèle à proprement parler.

Nous avons d'ailleurs signalé les points les plus importants, et les charges les plus lourdes imposées aux adjudicataires.

Un article indique le nombre des invités que chaque fermier ou cofermier pourra conduire avec lui.

Dans le cas où le fermier ne désigne pas de cofermier, ou quand cette désignation n'atteint pas le maximum déterminé par l'acte d'adjudication, le fermier peut, quand il chasse, remplacer par quatre personnes chacun des cofermiers non désignés. Personne ne peut chasser en l'absence des fermiers et cofermiers.

Les adjudicataires sont responsables vis-à-vis des propriétaires des héritages riverains des dommages causés à ces héritages par les lapins ou toute autre espèce de gibier. Ils souffriront les battues pour la destruction des animaux nuisibles et devront même y prendre part.

Les cahiers des charges sont le plus souvent très volumineux, et, si les clauses principales sont généralement les mêmes, ils diffèrent cependant parfois dans le détail.

Il est donc bon d'en prendre connaissance et de les étudier avant l'adjudication.

§ III. — *Annexes au cahier des charges.*

Il peut arriver qu'après la rédaction du cahier des charges l'administration reconnaisse certaines lacunes à combler, des droits nouveaux à concéder ou des restrictions à apporter. Ces droits nouveaux ou ces restrictions sont mentionnés dans une annexe qui n'est que le complément des cahiers des charges. L'agent de l'administration peut être interpellé par des amateurs le jour de l'adjudication, et être amené à donner des explications sur quelques points mal élucidés ; il est alors très utile que l'adjudicataire fasse consigner ses réponses au procès-verbal.

Quand des affiches ont été apposées pour porter à la connaissance du public la composition des lots et les principaux engagements pris par l'administration des domaines, ces affiches ont la même valeur que le cahier des charges, encore bien que les conditions qu'elles mentionnent ne se trouvent pas reproduites aux cahiers des charges.

C'est ainsi que les adjudicataires de certains lots de la forêt de Fontainebleau ont obtenu le droit exclusif d'enlever les œufs de fourmis.

Ce droit ne se trouvait pas au cahier des charges, mais il était inscrit dans les affiches. Le jour où les adjudicataires ont voulu poursuivre des étrangers qui avaient enlevé des œufs de fourmis sur le sol dont la chasse leur avait été louée, la production des affiches a été nécessaire, mais elle a suffi à faire consacrer leurs droits par la Cour de Paris.

§ IV. — *Procès-verbaux de constat par huissier.*

Ces procès-verbaux peuvent avoir une double utilité.

Ils tendent à établir la plupart du temps les précautions prises par le propriétaire ou le locataire de la chasse pour la destruction du gibier, et afin d'empêcher les dommages qui pourraient être causés par le gibier aux champs voisins.

En sens contraire, ils peuvent prouver les dégâts occasionnés, les faits de négligence ou d'imprudence du chasseur.

Nous ne donnerons qu'un seul modèle.

L'an mil huit cent soixante-quinze, le premier mars ;
A la requête de M. X....., propriétaire, demeurant à
                    ;
Je, X...., huissier près le tribunal de première instance de   , demeurant à   , soussigné ;
Me suis transporté à la forêt de   (*désigner spécialement l'endroit*) , où étant, j'ai trouvé X....., garde forestier, demeurant à   , lequel m'a exposé :
Que M. X....., cultivateur à   , vient d'introduire une instance contre mon requérant, à fin de réparation des dommages causés à ses champs par le gibier de la forêt ;
Qu'en raison de ce procès mon requérant a intérêt à faire constater l'état actuel des lieux litigieux ;
C'est pourquoi il me met en demeure de constater que, sur une longueur de cinq cents mètres, il existe un palis qui intercepte le passage des lapins ;

Que sur une largeur de   les bois ont été nettoyés et débarrassés des ronces et bruyères pouvant servir de refuge aux lapins ;

Qu'il n'existe aucun terrier et que ceux qui avaient pu exister précédemment ont été défoncés ;

Qu'au contraire, dans les champs du fermier riverain il existe des broussailles, des ronciers, des bruyères qui peuvent servir de refuge au gibier ;

Déclarant faire toutes protestations et réserves de fait et de droit ;

Obtempérant à la réquisition qui précède, je, huissier, susdit et soussigné, certifie et constate qu'étant en la forêt de   au lieu dit   ;
        ; 2°   ; 3°   ; *(suivent toutes les constations utiles)* ;

En foi de quoi, j'ai fait et rédigé le présent procès-verbal de constat pour servir et valoir ce que de droit.

Les constatations de l'huissier n'auront pas toujours pour résultat de préjuger le procès, et elles ne tiendront pas lieu d'expertise ; mais les faits matériels signalés par l'officier ministériel acquièrent une valeur réelle ; le juge en prendra bonne note pour écarter, modérer ou augmenter, suivant les cas, la responsabilité du chasseur.

Le décompte des frais d'un procès-verbal semblable à celui que nous venons de tracer, peut s'établir ainsi :

Procès-verbal (deux vacations). . .	12 fr.	» c.
Timbre.	»	60
Enregistrement.	3	75
	16 fr.	35 c.

§ V . — *Procès-verbal dressé par un garde.*

Les procès-verbaux dressés par les gardes-chasse ne font pas foi comme les actes publics jusqu'à inscription de faux, mais seulement jusqu'à preuve contraire. Leur force probante est cependant considérable, puisque le juge ne peut refuser d'y ajouter foi sans mentionner des preuves convaincantes produites contre es assertions du garde.

En 1874, le tribunal de Rambouillet avait acquitté un prévenu contre lequel un procès-verbal régulier avait été dressé, et il s'était fondé sur ce que le garde, dans une affaire précédente, avait été contredit par différents témoins : en un mot, la moralité du garde paraissait suspecte aux juges de première instance. La Cour d'appel, appliquant les véritables principes du droit, infirma le jugement et prononça une condamnation contre l'inculpé. L'arrêt, rendu le 3 février 1875, pose en principe que tant qu'un garde n'a pas été destitué, ses procès-verbaux font foi en justice. Dans l'espèce le prévenu ne pouvait fournir aucune preuve contraire aux affirmations du garde.

Les gardes-chasse doivent-ils être munis de leur plaque pour pouvoir dresser un procès-verbal? La Cour de cassation décide que cette formalité est nécessaire pour faire acte d'autorité, pour exiger par exemple que le délinquant justifie de son identité ou montre son permis de chasse, mais non pour verbaliser. Ce que la loi de 1791 relative aux insignes a voulu, c'est qu'on ne soit pas exposé à des vexations continuelles, ce qui se produirait si l'on était forcé de répondre aux réquisitions du premier venu.

Les procès-verbaux doivent contenir, à peine de nullité, la désignation de l'individu poursuivi, pour que l'erreur sur la personne devienne impossible.

La date est essentielle, parce qu'elle servira à établir, s'il y a lieu, la preuve contraire. Si cependant le jour est indiqué d'une manière très nette, sans que le quantième du mois soit déterminé, le procès-verbal ne sera pas entaché de nullité. C'est ainsi que la Cour de cassation a validé un procès-verbal daté du *dimanche de la Pentecôte*.

Le procès-verbal doit être signé par l'agent qui l'a dressé, mais il est inutile qu'il soit écrit en entier de sa main.

MODÈLE DE PROCÈS-VERBAL.

L'an mil huit cent soixante-quinze, le premier octobre, à sept heures du soir, je soussigné, Pierre-Hubert Lafeuille, domicilié à Montgeron, canton de Boissy-Saint-Léger (Seine-et-Oise), et garde particulier des propriétés de M. X. ..... assermenté au tribunal civil de Corbeil, étant décoré de ma plaque et porteur de ma commision, ai rencontré en faisant ma ronde habituelle dans le bois du Gros-Chêne, au lieu dit carrefour du Chevreuil, un individu armé d'un fusil que j'ai parfaitement reconnu pour être Nicolas Hardy, habitant de notre commune de Montgeron. Je me suis arrêté sous bois à cinquante mètres de lui, et au bout d'un quart d'heure je l'ai vu très distinctement tirer un coup de fusil sur une pièce de gibier qui traversait la route. Je me suis alors dirigé dans sa direction en l'interpellant, mais il a pris la fuite à travers bois. Je l'ai parfaitement reconnu ; le fusil dont il était armé était un fusil à deux coups à bascule, système Lefaucheux.

En conséquence, j'ai rédigé le présent procès-verbal, les mêmes jour, mois et an que dessus, à neuf heures du soir. »

Les procès-verbaux doivent être rédigés sur papier

timbré à 2 francs la feuille, décime en plus. Ils ne seraient pas nuls s'ils étaient rédigés sur papier libre, mais entraîneraient la condamnation à l'amende de ceux qui les auraient rédigés.

§ VI. — *Affirmation du procès-verbal devant les autorités compétentes.*

On comprend combien il est important de préciser l'heure à laquelle le délit a été commis, quand on se reporte aux prescriptions de la loi, qui veut que les procès-verbaux soient affirmés dans les vingt-quatre heures qui suivent la perpétration du délit, devant le maire, l'adjoint ou le juge de paix.

L'énumération des autorités compétentes pour recevoir l'affirmation est limitative.

Le garde se présente donc devant le juge de paix, le maire ou l'adjoint et produit son procès-verbal qu'il affirme véritable. Le magistrat lui donne acte de ses déclarations.

MODÈLE DE L'AFFIRMATION D'UN PROCÈS-VERBAL.

L'an mil huit cent soixante-quinze, le deux octobre, à sept heures du matin, par-devant nous, X..., maire de la commune de Montgeron (Seine-et-Oise), a comparu le nommé Pierre-Hubert Lafeuille, domicilié en ladite commune et garde particulier des propriétés de M. X.... lequel a, par serment, déclaré sincère et véritable le procès-verbal ci-dessus relaté. Il a requis acte de ces serment et déclarations, et nous lui en avons donné acte.

Signé : X...,
Maire de Montgeron.

§ VII. — *Sommation et mise en demeure.*

Les contrats de location de chasse, comme tous les contrats, font naître entre les contractants des obligations réciproques. Lorsque l'une des parties oublie ses engagements, quand le locataire laisse passer l'échéance sans payer son prix, quand il omet d'entretenir les palissades, d'élaguer des haies qu'il a pris à sa charge d'entretenir ou d'élaguer, quand le propriétaire refuse de faire certaines cultures ou certains aménagements qu'il s'était engagé à faire dans le bail qu'il a consenti, avant de recourir à la voie judiciaire, il faut mettre celui contre lequel on est exposé à plaider un jour en demeure d'exécuter le contrat.

La mise en demeure résultera d'une sommation faite par huissier.

MODÈLE DE SOMMATION.

L'an mil huit cent soixante-quinze
A la requête de
J'ai, X..., huissier à
Dit et déclaré à M. X...., demeurant à   , en son domicile où étant et parlant à la concierge ainsi, dé-claré,
Que mon requérant a appris que les fossés traversant la propriété de M. X... n'ont pas été nettoyés conformément aux clauses et conditions du bail sous seing privé fait double entre les parties enregistré à, le
En conséquence, je lui ai, huissier susdit et soussigné, fait sommation de dans les huit jours avoir à remplir les engagements ci-dessus rappelés.

Faute par lui de ce faire dans le délai et, icelui passé, leur déclarant que mon requérant entend l'y contraindre par toutes les voies de droit et lui demander tels dommages-intérêts qu'il appartiendra.

Sous toutes réserves.

Et je lui ai laissé copie de la présente sommation dont le coût est de : 7 fr. 45.

Il est très important de donner à l'huissier connaissance des actes en vertu desquels il doit verbaliser pour ne pas s'exposer à commettre des inexactitudes.

§ VIII. — *Plaintes au parquet.*

Les délits de chasse peuvent être poursuivis par le procureur de la République sur la plainte du propriétaire lésé, ou directement à la requête de ce dernier. A moins de circonstances exceptionnelles, telles que chasse de nuit, en temps prohibé, à l'aide d'engins interdits, le ministère public ne prend pas l'initiative des poursuites. On en comprend facilement la raison : c'est qu'en cas d'acquitte-ment, si l'action pénale a été mise en mouvement par le procureur de la République, les dépens restent à la charge du trésor ; si au contraire le propriétaire qui se pré-tend lésé a cité directement son adversaire devant le tribunal de police correctionnelle, les frais seront mis à sa charge.

Néanmoins, alors même que le seul délit serait celui de chasse sans autorisation du propriétaire, ce dernier peut porter plainte et joindre à sa plainte le procès-verbal rédigé par son garde ou la désignation des témoins qu'il croit utile de faire entendre.

Les plaintes au parquet peuvent être rédigées sur papier libre ; il est cependant dans l'usage de les rédiger sur papier timbré.

Le procureur de la République ayant la franchise postale, l'affranchissement est inutile.

La forme de la plainte est celle d'une lettre.

« Monsieur le procureur de la République,

« J'ai l'honneur de porter à votre connaissance les faits « suivants. Le, etc. »

Une plainte dans laquelle se trouveraient des assertions erronées ou même des exagérations volontaires peut motiver des poursuites en dénonciation calomnieuse contre le rédacteur.

§ IX. — *Citation en police correctionnelle.*

Nous ne donnerons pas de modèle de citation en police correctionnelle.

Il suffit de remettre toutes les pièces sur lesquelles on appuie sa demande entre les mains d'un huissier. Celui-ci s'enquiert du jour qui convient au procureur de la République, paie les droits exigés par le greffe, et cite les témoins.

Devant certains tribunaux et notamment à Paris, il faut que l'original de la citation et les pièces qui constituent le dossier soient remis au parquet dix jours avant l'audience.

Il importe de charger l'huissier de faire toutes les diligences, si l'on ne veut pas s'exposer à ce que l'affaire ne soit point classée. Le tribunal peut refuser audience au de-

mandeur, au jour indiqué ; il faudrait alors lancer une citation nouvelle, en supportant tous les frais faits antérieu-
rement ; le prévenu et les témoins, dérangés inutilement,
seraient même en droit d'exiger des dommages-intérêts du
plaignant peu diligent.

Les délits de chasse se prescrivent par trois mois. Les
citations doivent donc être lancées avant l'expiration de
ce délai.

§ X. — *Citation devant le juge de paix.*

Le juge de paix a une double compétence en matière de
chasse. Comme juge de simple police, il est chargé de faire
respecter les arrêtés pris par l'administration ; comme
juge civil, il prononce en premier ressort sur les demandes d'indemnités pour dommages causés aux champs
par le gibier.

Si quelqu'un contrevient à la défense, faite par le maire
ou le préfet, de chasser dans les vignes ou sur un chemin
public, c'est devant le juge de paix que l'affaire sera portée, soit à la requête du commissaire de police qui représente le ministère public devant les tribunaux de simple
police, soit à celle du propriétaire lésé.

La citation devant le juge de paix en matière de simple
police peut être calquée sur la citation en police correctionnelle. Elle doit être lancée vingt-quatre heures au
moins avant l'audience.

En matière civile, la citation doit énoncer le préjudice
causé et la somme que l'on considère comme une réparation due. Nous nous sommes expliqué longuement sur
le mode de procédure employé pour évaluer les dommages
causés par les lapins et autres animaux nuisibles.

Nous donnons un modèle de demande, tout en nous réservant de revenir plus tard et dans un article spécial sur cette singulière procédure où le demandeur fixé au mois de novembre la somme qui lui sera *peut-être* due au mois de juillet, et nécessite des frais qui, en général, sont cinq fois plus considérables que la somme allouée.

MODÈLE DE CITATION DEVANT LE JUGE DE PAIX.

L'an mil huit cent soixante-quinze, le premier décembre,

A la requête de Jean-Pierre Drouin, cultivateur demeurant à Avon, canton de Fontainebleau (Seine-et-Marne).

J'ai, Albert Huché, huissier à Fontainebleau y demeurant, Grande Rue, n° 40,

Cité M. Desgranges, propriétaire demeurant à Paris, rue de la Victoire, 108, en son domicile où étant et parlant à

Au nom et comme adjudicataire de la forêt de Fontainebleau,

A comparaître le samedi onze décembre prochain à midi par-devant le tribunal de paix de l'arrondissement de Fontainebleau, hôtel de la Mairie, à Fontainebleau, pour :
Attendu que le requérant a cultivé, savoir :

1° Une pièce de terre de un hectare environ ensemencée en seigle, sise terroir de Changis, lieu dit la Pépinière, tenant à MM. X. Y. Z.

2° Une autre pièce de terre d'une contenance d'environ soixante-dix ares ensemencée en blé, tenant à M. X et à la forêt de Fontainebleau.

Attendu que les emblavures de ces pièces de terre sont

ravagées par les lapins provenant de la forêt de Fontainebleau ;

Que M. Desgranges, comme adjudicataire de la chasse
de la forêt de Fontainebleau, est responsable du préjudice causé par sa négligence à détruire les lapins, qui se
sont multipliés d'une façon anormale.

Par les motifs : s'entendre à payer au requérant la
somme de mille francs avec les intérêts de droit et les
dépens.

Subsidiairement : voir dire que par tels experts qu'il
plaira au tribunal commettre à cet effet, lesquels experts
seront en cas d'empêchement remplacés par ordonnance
de M. le juge de paix rendue sur simple requête, les pièces
de terre dont s'agit seront vues et vérifiées à l'effet par
lesdits experts d'en constater l'état, de déterminer l'importance du dommage, rechercher les mesures prises
par le propriétaire ou locataire de chasse pour porter
remède à la multiplication excessive des lapins qui s'est
révélée par un dommage anormal, de dire par qui il doit
être supporté et dans quelles proportions pour chacun,
et du tout dresser procès-verbal pour celui fait et rapporté, être par les parties requis, par le tribunal statué
ce qu'il appartiendra.

Dépens en ce cas réservés à ce qu'il n'en ignore, je
lui ai laissé cette copie. Coût : cinq francs 05 c.

Copie : 0 fr. 60 c.

Avec cette procédure les transactions sont impossibles ;
les demandes sont toujours exagérées.

Mais si le riverain a le droit de me demander en novembre ce que je lui devrai en juillet, j'ai bien le droit de
lui offrir en novembre ce que je lui devrai en juillet.

Et alors voici une nouvelle procédure. Je reçois l'assignation, je fais immédiatement des offres que je consigne à la Caisse des dépôts et consignations, j'assigne à mon tour en validité d'offres et si la somme offerte par moi est jugée suffisante, tous les dépens seront à la charge du riverain qui a exagéré sa demande.

Pour citer un exemple des sommes fabuleuses qu'atteignent les *dépens liquidés*, voici quelques chiffres d'indemnités allouées cette année (1875) aux riverains de la forêt de Senart :

NOMS	INDEMNITÉ	L'INDEMNITÉ
DES PROPRIÉTAIRES.	ET FRAIS.	N'ENTRE QUE POUR
	fr.	fr.
Drouin..........	118	15
Dumay..........	527 05	208
Legeay	362 05	32
Perier..........	429 05	150
Feron...........	418 70	132
Gasselin........	363 55	33

Il est à remarquer que nous ne comprenons pas dans ces sommes les honoraires de l'avocat, la levée et la signification du jugement : ce sont les expertises et les transports sur les lieux qui ont élevé ainsi les frais.

Il est bon que le cultivateur riverain comprenne qu'en exagérant sa demande il court des risques.

Nous reviendrons sur cette procédure d'offres que nous indiquons, mais comme elle nous est personnelle et n'a pas encore été consacrée par la jurisprudence, nous ne pouvons encore donner aucune formule.

10.

§ XI. — *Commissions de gardes.*

Les gardes doivent d'abord être agréés par l'administration.

Le propriétaire adresse une demande au sous-préfet de son arrondissement. La demande doit être rédigée sur papier timbré.

MODÈLE DE DEMANDE.

Monsieur le sous-préfet,

J'ai l'honneur de vous exposer que j'ai l'intention de faire assermenter en qualité de garde particulier de mes propriétés de   , sises commune de   , le nommé X...

Je joins à ma demande une expédition de son acte de naissance et un extrait de son casier judiciaire.

J'espère que l'administration ne fera pas opposition à sa nomination.

J'ai l'honneur d'être, etc.

Le sous-préfet renvoie la demande avec la formule d'adhésion : « Vu et approuvé. »

Le garde est alors appelé à prêter serment à la barre du tribunal civil de l'arrondissement et le greffier mentionne qu'il a été donné acte de la prestation du serment.

§ XII. — *Demandes de permis.*

Une circulaire du ministre des finances en date du 31 janvier 1845 établit qu'il est inutile que les demandes de permis de chasse soient rédigées sur papier timbré.

Dans la pratique, en province du moins, ces demandes sont presque toujours rédigées sur timbre.

A Paris, les demandes sont le plus souvent verbales.

MODÈLE DE DEMANDE DE PERMIS DE CHASSE.

A M. le sous-préfet de X...

Je soussigné, ai l'honneur de solliciter de vous, Monsieur le sous-préfet, un permis de chasse. Je joins à ma demande la déclaration de M. le maire de ma commune, prescrite par la loi.

J'ai, etc.

(Nom, prénoms et domicile.)

On remet la demande au maire, qui se charge lui-même de la transmettre au sous-préfet.

Le signalement peut être donné par la personne qui demande le permis; si le maire croyait devoir y faire des rectifications, il pourrait le faire savoir au sous-préfet.

MODÈLE DE DEMANDE D'AUTORISATION DE CHASSER LE LAPIN EN TEMPS DE NEIGE.

Au préfet du département.

Le soussigné X..., propriétaire résidant à   , a l'honneur de solliciter de vous l'autorisation de détruire les lapins au fusil et avec des chiens courants et furets, *même en temps de neige*, jusqu'au 15 avril 1876, dans les bois lui appartenant sur la commune de   , canton de

Les bois ont une contenance totale de   hectares environ, et par suite des plaintes des riverains il est urgent d'y pouvoir détruire les lapins, même en temps de neige. Le soussigné serait heureux d'obtenir cette autorisation dans un bref délai.

Nota. La contenance doit être indiquée. La demande sur timbre de 0 fr. 60 c. doit être visée par le maire de la commune sur le territoire de laquelle se trouvent les bois. Il ne faut pas manquer de joindre à sa demande un mandat sur la poste de 1 fr. 80 c., pour le prix du timbre.

Dans certains départements, les préfets n'accordent la permission qu'à charge par le permissionnaire d'indiquer aux maires des communes sur le territoire desquelles la destruction aura lieu chacun des jours de chasse choisis par lui, ainsi que le nom et la qualité des personnes appelées à y prendre part.

FIN.

TABLE DES MATIÈRES.

9 782329 029726